先秦至两汉

——巴蜀文物精品集

四川博物院 编

西南交通大学出版社
·成都·

图书在版编目（CIP）数据

先秦至两汉：巴蜀文物精品集 / 四川博物院编. —
成都：西南交通大学出版社，2019.8
ISBN 978-7-5643-7101-2

Ⅰ. ①先… Ⅱ. ①四… Ⅲ. ①文物－介绍－四川－先
秦时代－汉代 Ⅳ. ①K872.71

中国版本图书馆 CIP 数据核字（2019）第 188517 号

Xianqin Zhi Lianghan
——Bashu Wenwu Jingpinji

先秦至两汉
——巴蜀文物精品集

四川博物院　编

出 版 人	阳　晓
策划编辑	罗小红　李晓辉　罗在伟
责任编辑	杨　勇
助理编辑	罗俊亮
特邀编辑	陈　成　郭军涛
封面设计	雅昌视觉艺术中心

出版发行　西南交通大学出版社
　　　　　（四川省成都市金牛区二环路北一段 111 号
　　　　　　西南交通大学创新大厦 21 楼）
邮政编码　610031
发行部电话　028-87600564　028-87600533
网址　　　http://www.xnjdcbs.com
印刷　　　雅昌文化（集团）有限公司

成品尺寸　210 mm×285 mm
印张　　　16.5
字数　　　345 千
版次　　　2019 年 8 月第 1 版
印次　　　2019 年 8 月第 1 次
定价　　　790.00 元
书号　　　ISBN 978-7-5643-7101-2

ISBN 978-7-5643-7101-2

9 787564 371012 >

图录编辑委员会

主　　任：王　琼

副 主 任：盛建武

编　　委：王　毅　李　蓓　盛建武　卢　越
　　　　　韦　荃　谢志成　侯世新　霍　巍
　　　　　段炳刚　王　方　朱家可　蔡　清
　　　　　乔　兵　白培峰　丁武明　李炳中

学术顾问：林　向　谭继和　霍　巍　彭邦本　段　渝

主　　编：王　琼

副 主 编：盛建武

（＊以下未特别注明者均为四川博物院工作人员）

图录编辑团队

图录文本统筹：谢志成　侯世新　谢　丹

图录文本撰写：郭军涛　卢钥颖　陈　成（川博学术中心）
　　　　　　　李　媛　高晓燕

图录组稿：梅锦辉　郭军涛　陈　成（川博学术中心）
　　　　　　余　健（四川广汉三星堆博物馆）
　　　　　　刘　珂（成都金沙遗址博物馆）

展览工作团队

前言

为落实习近平总书记让文物活起来的重要指示精神，按照四川省委、省政府关于推进四川文化"走出去"的战略部署，四川省文化厅、四川省文物局联合中国国家博物馆，推出"古蜀华章——四川古代文物菁华"展览，这是古蜀文明巡展的首站。

我们知道，文献记载中的古蜀历史，仅是带有神话传说性质的简略片段。早在唐代，大诗人李白就有"蚕丛及鱼凫，开国何茫然"的慨叹。从20世纪30年代开始，古蜀文明的相关文物才有所发现。自20世纪80年代以来，一系列重要古蜀遗存的发现与发掘，终于揭开了古蜀文明的神秘面纱，特别是三星堆遗址祭祀坑、金沙遗址的发掘，使古蜀文明震惊了世界。

"古蜀华章——四川古代文物菁华"展览所展出的一件件精美的古蜀遗珍，出土自广汉三星堆、成都金沙、彭州竹瓦街、新都马家乡、成都百花潭、宣汉罗家坝等数十个遗址，是数代考古文物工作者不懈努力的结果，它们凝结着古蜀先民的无穷智慧。此展览具有鲜明的特色：一是展览规模最大，在四川省历次文物外展中，此次展览是参展单位最多、文物数量最多的一次，共涉及四川省内9家文博单位的210件文物；二是文物品级最高，参展的210件文物当中，一级文物达136件，时代跨越商、周两代，其中有很多文物系第一次走出四川；三是首次完整呈现古蜀文明的发展历程，此次展览把最新的考古发现和最新的学术研究成果相结合，很大程度上廓清了古蜀文明的历史轮廓，全景式地展示了古蜀文明中最辉煌、最具代表性的历史阶段。

古蜀文化的文明成就和发展历程证实：四川是中华文明的起源地之一，是长江上游的文明起源中心，是物华天宝、历史悠久、人杰地灵的文明沃土；古蜀文明是中华文明"满天星斗"中的一颗明星，是"多元一体"文化格局中不可或缺的一元，在中华文明发展史上占有重要的地位。秦并巴蜀以后，随着四川地区被正式纳入华夏版图，古蜀文明自觉地融入了中华主体文明。

文物承载灿烂文明，传承历史文化，维系民族精神，是老祖宗留给我们的宝贵遗产，是加强社会主义精神文明建设的重要资源。"古蜀华章——四川古代文物菁华"展览，是保护好、传承好、宣传好四川极具发展潜力的文物资源的一次创新与尝试。中国国家博物馆展出后，该展览还将在国内外巡展。我们将以此为契机，充分发挥文物的价值和作用，真正做好文物合理利用这篇大文章，为讲好中国优秀文化故事，贡献四川力量。

四川博物院

目录

引言

长江上游的四川地区是我国古代西南地区文明的中心，也是古代中华文明的有机组成部分。四川地区的文明曙光，在新石器时代晚期的宝墩文化时期就已经初现。古蜀文明从此发端，在三星堆文化时期绽放出了灿烂的青铜文化；其后，十二桥文化续写着古蜀文化的绚丽篇章，至春秋战国，巴蜀文化同辉共融，形成了四川地区青铜文明的第二个高峰。公元前316年秦并巴蜀，四川地区文化相对独立的发展进程被阻断，逐步汇入中华文明一体化的浪潮中，然其文化基因并未因此而消亡。秦汉时期，巴蜀文化与秦文化、汉文化迅速融合，发展演变，进而成为统一王朝下地域文化的一部分……

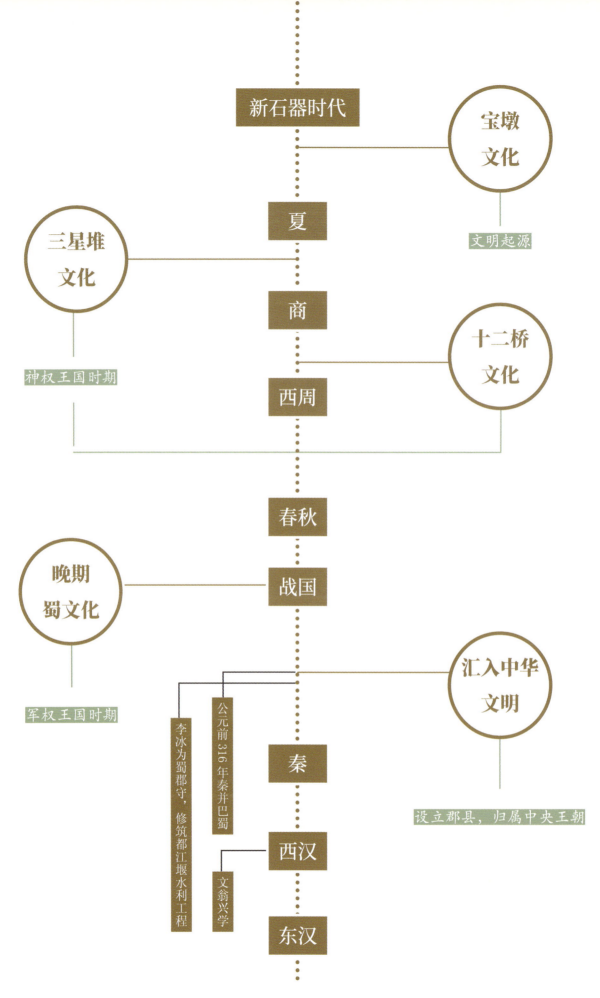

新石器时代

宝墩
文化

文明起源

三星堆
文化

夏

商

十二桥
文化

神权王国时期

西周

春秋

战国

晚期
蜀文化

汇入中华
文明

军权王国时期

李冰为蜀郡守，修筑都江堰水利工程

公元前316年秦并巴蜀

秦

设立郡县，归属中央王朝

西汉

文翁兴学

东汉

先秦至两汉时期古蜀文化发展示意图

文物

　　三星堆文化是古蜀文化的典型代表，其以三星堆遗址为核心，辐射至四川大部分地区及鄂西、陕南一带，大约始于公元前 18 世纪初而终于公元前 12 世纪中叶，大体相当于中原王朝的夏代晚期至商代晚期。

　　三星堆遗址是古蜀国都邑所在。三星堆遗址祭祀坑出土文物造型奇特夸张、装饰侈丽雍容、制作技艺精良，是古蜀先民的智慧结晶，是神奇艺术个性的突显，是地域特征鲜明的古蜀文明的璀璨明珠。三星堆考古发现一经公布即震惊了世界，其所展现的诡秘辉煌的文化，堪称一幅人类文明社会初期无比神奇的历史画卷。

三星堆遗址位于成都平原北部的广汉市城西鸭子河南岸，系中国西南地区一处分布范围最大、延续时间最长、文化内涵最为丰富的古城、古国、古蜀文化遗址。遗址范围约 12 平方千米，现已确定的古文化遗存分布点有数十处。三星堆城址位于遗址核心区域，面积达 4 平方千米，其规模堪与同时期中原王都相并论。密集的文化遗存和宏大的古城，表明在三星堆文化时期，成都平原已建立起了强大的国家，而三星堆遗址正是这一时期古蜀国的中心都邑。

三星堆古城功能区划示意图

三星堆祭祀坑发掘照

陶器作为古人最为常用的器类之一，具有数量多、易损坏、变化快等特征，而且特定人群使用的陶器会具有相应的特点。在一定阶段，某几类陶器会形成稳定的固定搭配，故可以将陶器作为确定考古学文化的典型器物。

三星堆文化时期，古蜀文化形成了以小平底罐、高柄豆、盉、鸟头勺把等为代表的陶器基本组合。另外，瓶、罐等陶器也较常见。

陶小平底罐
Small Flat-bottomed Pottery Pot

商代（约前 1600—前 1046）
高 16.8 厘米，底径 6.6 厘米，腹径 19.8 厘米，口径 15.04 厘米
1986 年广汉三星堆遗址出土
四川广汉三星堆博物馆藏

陶盉

Pottery *He* (An Ancient Container)

商代（约前 1600—前 1046）

高 34.1 厘米，宽 21 厘米

1986 年广汉三星堆遗址出土

四川广汉三星堆博物馆藏

陶高柄豆

Pottery *Dou* (An Ancient Implement)

商代（约前 1600—前 1046）

盘径 18 厘米，圈足径 16.8 厘米，柄径 2.9 厘米，高 46.1 厘米

1986 年广汉三星堆遗址出土

四川广汉三星堆博物馆藏

陶瓶形杯
Pottery Bottle

商代（约前 1600—前 1046）

口径 4.5 厘米，底径 5.5 厘米，腹径 6.2 厘米，高 14.9 厘米

1986 年广汉三星堆遗址出土

四川广汉三星堆博物馆藏

陶鸟头勺把
Bird-headed Pottery Handle

商代（约前 1600—前 1046）

长 14.2 厘米，柄径 2.3 厘米，高 4.5 厘米

1986 年广汉三星堆遗址出土

四川广汉三星堆博物馆藏

陶高领罐
High-collared Jar

商代（约前 1600—前 1046）

高 33.2 厘米，底径 5.3 厘米，口径 13.5 厘米

1986 年广汉三星堆遗址出土

四川广汉三星堆博物馆藏

　　三星堆遗址祭祀坑出土青铜圆雕人像近百件，它们造型丰富，大小有别，内涵丰富，是三星堆文化的内核和精髓所在。三星堆青铜人像雕塑群给我们呈现出了一个"异乎寻常的世界"，其以青铜大立人为中心，各式人物形象共同构建了层级分化、等级森严的神巫统治体系。

　　如此恢宏庄严的青铜雕塑体系，堪称夏商周时期青铜雕塑的最高峰，纵观国内同时期青铜文明遗存，没有能望其项背的；即使在同时期的世界范围内，这么宏大的青铜造像群也是绝无仅有的。三星堆青铜人像雕塑群既是东方青铜雕塑艺术的代表，也是人类共同的文化财富。

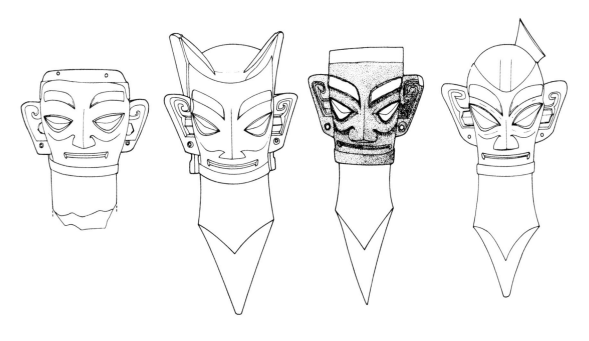

三星堆出土青铜头像线图

青铜大立人
Bronze Standing Figure

商代（约前 1600—前 1046）

通高 260.8 厘米

1986 年四川广汉三星堆遗址 K2 出土

四川广汉三星堆博物馆藏

  青铜大立人头戴冠冕，身着龙纹左衽长襟衫，尤为引人注目的是立人的双手，作中空执物状，造型夸大，与整个造像比例很不协调，其手中所执何物，已不可考，费人猜思。青铜大立人是古蜀国集神、巫、王三重身份于一体的领袖人物，是矗立凡间、沟通天地的群巫之长，是最高权力的象征。其高 2.6 米，重约 180 千克，是我国迄今为止发现年代最久远、体量最高大的青铜人像；就世界范围来看，同时期尚未发现如此巨大精美的青铜雕像。

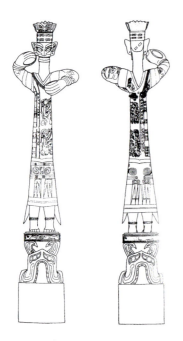

青铜大立人线图

青铜纵目面具
Bronze Mask with Protruding Eyes

商代（约前 1600—前 1046）
宽 138 厘米，通高 66 厘米，厚 85 厘米
1986 年四川广汉三星堆遗址 K2 出土
四川广汉三星堆博物馆藏

　　此件面具眉尖上挑，双眼斜长，眼球极度夸张，呈柱状向前纵凸伸出，达 16 厘米；双耳向两侧充分展开；短鼻梁，鼻翼向上内卷；口阔而深，口缝深长上扬，似微露舌尖，做神秘微笑状。

　　此件青铜面具由于眼、耳特征突出，被誉为"千里眼""顺风耳"。古文献记载，蜀人始祖蚕丛"其目纵"，该面具表现的可能就是蚕丛的形象，是一种人神同形、合一的意象造型，巨大的体量、夸张的眼与耳都是为强化其神性。

青铜人面具

Bronze Human-face Mask

商代（约前 1600—前 1046）

高 26 厘米，长 37.5 厘米，宽 27 厘米

1986 年四川广汉三星堆遗址 K2 出土

四川广汉三星堆博物馆藏

　　这件面具造型夸张，糅合了人兽的共同特征，耳根上下有方孔，用以安装固定或者悬挂。

戴金面罩青铜人头像
Bronze Human Head with Gold Mask

商代（约前 1600—前 1046）
高 42.5 厘米，头纵径 14.5 厘米、横径 12.6 厘米，宽 20.5 厘米
1986 年四川广汉三星堆遗址 K2 出土
四川广汉三星堆博物馆藏

　　三星堆遗址祭祀坑出土戴金面罩头像数件，它们造型不同，发式有别。金面罩是以青铜头像面部特征为本，用金箔锤揲而成，用有机物粘贴在青铜人头像之上的。
　　此件青铜头像为平顶，头发向后梳理，发辫垂于脑后，上端用宽带套束，具有浓郁的地方民族发式风格。

青铜人头像
Bronze Human Head

商代（约前 1600—前 1046）

高 45.6 厘米，长 22 厘米，宽 17 厘米，头纵径 16 厘米、横径 12.5 厘米

1986 年四川广汉三星堆遗址 K1 出土

四川广汉三星堆博物馆藏

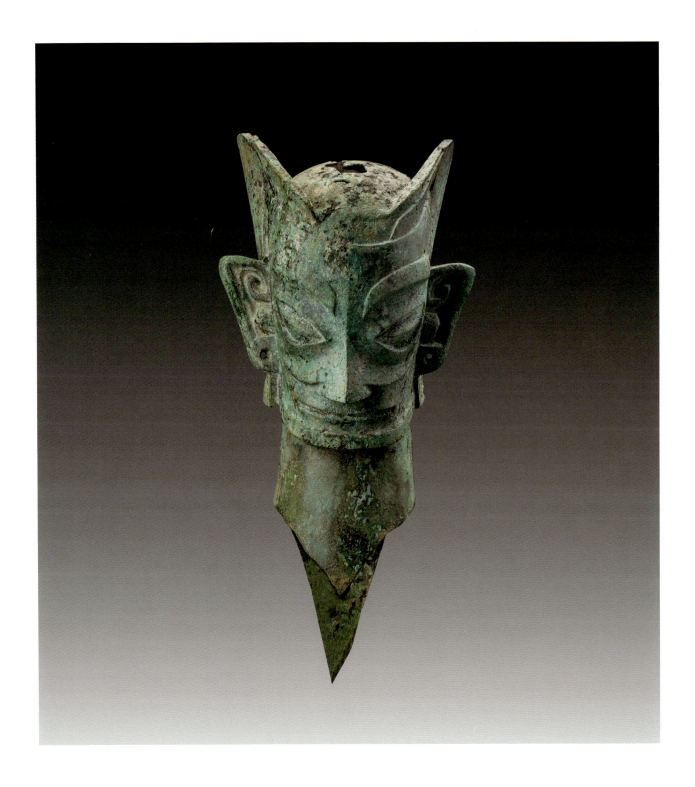

青铜人头像

Bronze Human Head

商代（约前 1600—前 1046）

高 41 厘米，长 17 厘米，宽 22 厘米，头纵径 13.9 厘米、横径 15 厘米

1986 年四川广汉三星堆遗址 K1 出土

四川广汉三星堆博物馆藏

青铜人头像
Bronze Human Head

商代（约前 1600—前 1046）
高 13.6 厘米，宽 13.3 厘米，头纵径 7.3 厘米、
横径 7.4 厘米
1986 年四川广汉三星堆遗址 K2 出土
四川广汉三星堆博物馆藏

青铜人头像
Bronze Human Head

商代（约前 1600—前 1046）
高 24.5 厘米，长 20 厘米，宽 17 厘米，头纵径 13.2 厘米、横径 13.2 厘米
1986 年四川广汉三星堆遗址 K2 出土
四川广汉三星堆博物馆藏

青铜人头像
Bronze Human Head

商代（约前 1600—前 1046）
高 51.6 厘米，宽 25.3 厘米
头纵径 18.3 厘米、横径 14.6 厘米
1986 年四川广汉三星堆遗址 K2 出土
四川广汉三星堆博物馆藏

　　三星堆遗址一、二号祭祀坑出土的青铜头像形式多样，冠、发式各异，均未发现身躯，推测其身躯可能为木质或其他材质，已经毁坏。据人类学和中国古籍记载，冠、发式是区分民族及其生活、生业方式的最主要标志。通过冠、发式可以推定，这些青铜人头雕像可能代表着蜀王统治下不同族群的藩酋。

　　世界上古艺术史中，圆雕头像多以石质为主，青铜圆雕头像极为少见。古埃及、两河流域等区域的圆雕头像均是塑造和表现现实生活中的人物，以真实的人物为原型。三星堆遗址祭祀坑出土的青铜头像，是古蜀人主观审美和宗教意识下形成的写实与抽象相结合的青铜雕塑，与同时期其他地区的雕塑有显著的区别。

跪坐青铜人像
Bronze Kneeling Figure

商代（约前 1600—前 1046）
高 12.4 厘米，宽 5.8 厘米，厚 2.4 厘米
1986 年四川广汉三星堆遗址 K2 出土
四川广汉三星堆博物馆藏

踞坐青铜人像
Bronze Kneeling Figure

商代（约前 1600—前 1046）
高 14.7 厘米，宽 7.5 厘米，厚 8 厘米
1986 年四川广汉三星堆遗址 K2 出土
四川广汉三星堆博物馆藏

青铜兽面
Bronze Beast-face Mask

商代（约前 1600—前 1046）
高 20.8 厘米，宽 26.9 厘米，厚 0.4 厘米
1986 年四川广汉三星堆遗址 K2 出土
四川广汉三星堆博物馆藏

青铜爬龙柱形器
Bronze Dragon-shaped Ornament

商代（约前 1600—前 1046）
高 41 厘米，宽 18.8 厘米，最大径 9 厘米
1986 年四川广汉三星堆遗址 K2 出土
四川广汉三星堆博物馆藏

青铜眼形器

Eye-shaped Bronze Object

商代（约前 1600—前 1046）

长 57.5 厘米，宽 23.4 厘米，厚 4.8 厘米

1986 年四川广汉三星堆遗址 K2 出土

四川广汉三星堆博物馆藏

青铜眼形器一组

Eye-shaped bronze Object

商代（约前 1600—前 1046）

长 28.5 厘米，宽 12.5 厘米，厚 3.5 厘米（左上）

长 25.6 厘米，宽 12.2 厘米，厚 3.5 厘米（右上）

长 31 厘米，宽 14.5 厘米，厚 4 厘米（左下）

长 30 厘米，宽 12.5 厘米，厚 3.7 厘米（右下）

1986 年四川广汉三星堆遗址 K2 出土

四川广汉三星堆博物馆藏

青铜铃
Bronze Bell

商代（约前 1600—前 1046）
高 7.35 厘米，宽 8.8 厘米，厚 3.67 厘米
1986 年四川广汉三星堆遗址 K2 出土
四川广汉三星堆博物馆藏

青铜铃
Bronze Bell

商代（约前 1600—前 1046）
高 12.5 厘米，长 6.5 厘米，宽 6 厘米
1986 年四川广汉三星堆遗址 K2 出土
四川广汉三星堆博物馆藏

青铜扇贝形挂饰
Bronze Shell-shaped Ornament

商代（约前 1600—前 1046）
高 8.6 厘米，宽 8.9 厘米，厚 0.1 厘米
1986 年四川广汉三星堆遗址 K2 出土
四川广汉三星堆博物馆藏

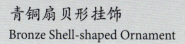

日鸟同构是中国古代太阳神话的主题。太阳与农业丰歉攸关，故崇鸟实质即崇日。三星堆文化时期，古蜀王国的统治阶级十分重视对太阳神和祖先神的崇拜。三星堆遗址出土的大量鸟造型器物即反映了其崇鸟习俗和凭借神鸟来沟通人神的企望。三星堆文化所富含的鸟崇拜因素当兼具祖神崇拜内涵，人首鸟身像可能是人格化的至上神和祖先神形象。

青铜人首鸟身像
Bronze Bird with Human Head

商代（约前1600—前1046）
高12.2厘米，宽4.5厘米
1986年四川广汉三星堆遗址K2出土
四川广汉三星堆博物馆藏

　　这件人首鸟身像原铸于小型青铜神树的树枝端部。其为平头顶，头戴颏，面戴面罩，脸形方正，耳大鼻高，双眼呈外凸状，与纵目面具眼球造型相类似；鸟身较短，参考与之造型完全相同的同树另一枝端人首鸟身像，可知该像现残断的双翼当呈宽展状，尾羽构型亦当为分叉上下卷曲状。

　　此种人首鸟身像除见于小型青铜神树外，在同坑出土的青铜神坛最上层的"盝顶建筑"上额正中也铸饰有此像。古人有"以上为尊""居中为尊"的说法。人首鸟身像出现在青铜神树树枝端部与青铜神坛顶部正中，显然具有神圣的象征意义。

青铜神树枝头花蕾及立鸟
Bronze Branches with Flowers and Birds

商代（约前 1600—前 1046）
高 7.8 厘米，宽 4.3 厘米
1986 年四川广汉三星堆遗址 K2 出土
四川广汉三星堆博物馆藏

青铜鹰形铃
Eagle-shaped Bronze Bell

商代（约前 1600—前 1046）
长 20.7 厘米，高 14.3 厘米，宽 8.5 厘米
1986 年四川广汉三星堆遗址 K2 出土
四川广汉三星堆博物馆藏

青铜大鸟头
Large Bronze Bird Head

商代（约前 1600—前 1046）
高 40.3 厘米，横径 19.6 厘米，纵径 38.8 厘米
1986 年四川广汉三星堆遗址 K2 出土
四川广汉三星堆博物馆藏

青铜太阳轮形器
Sun-shaped Bronze Wheel

商代（约前 1600—前 1046）
直径 85 厘米，阳部直径 28 厘米，高 6.5 厘米
1986 年四川广汉三星堆遗址 K2 出土
四川广汉三星堆博物馆藏

  青铜太阳轮形器是三星堆遗址出土器物中最具神秘性的器物之一，其用途和含义众说纷纭。器物构型为圆形，正中阳部凸起，其周围五芒的布列形式呈放射状，芒条与外围晕圈相连接。阳部中心圆孔、晕圈上等距分布的五个圆孔当是安装固定所用。

  结合三星堆遗址祭祀坑出土其他文物上的太阳纹饰，对青铜太阳轮形器比较一致的认识是"表现太阳崇拜观念的一种装饰器物"，是古蜀文化太阳崇拜的直接物证。

三星堆文化时期的古蜀人用当时最珍贵的黄金、青铜、玉石和象牙等材料来制作祭祀用具。古蜀文化中，以青铜尊、罍作为青铜礼器的核心；以玉璋为玉器核心，玉琮、有领玉璧、玉戈等相互配合，形成了成体系的玉礼器系统；另有青铜兵器、金器等，都是用来祭祀天地、娱神通神、沟通天地的祭祀和礼仪用具，几乎集中了当时最主要的社会财富。

顶尊跪坐人青铜像
Kneeling Bronze Human Figure on A Cone-shaped Pedestal

商代（约前 1600—前 1046）
高 15.6 厘米，底径 10 厘米
1986 年四川广汉三星堆遗址 K2 出土
四川广汉三星堆博物馆藏

　　此器由山形座和跪坐顶尊人像两部分组成。人像上身裸露，乳头突出，头顶一带盖青铜尊，双手上举捧护青铜尊腹部，跪于山形座之上。人像胸部乳头显露突出，故有观点认为它刻画的是古蜀国的女性巫师或女神。
　　造像表现的应是古蜀国巫师在神山顶上跪坐顶尊以献祭神天的情景。尊、罍是古代重要的礼器，但人们对于其具体使用方式却有很多不同的看法。顶尊跪坐人青铜像为我们展示了青铜尊在古蜀文化祭祀中的具体使用方式。

青铜尊
Bronze *Zun* (A Ritual Implement)

商代（约前 1600—前 1046）

通高 31.5 厘米，肩径 25.7 厘米，口径 34 厘米

1986 年四川广汉三星堆遗址 K2 出土

四川广汉三星堆博物馆藏

青铜罍
Bronze *Lei* (A Ritual Implement)

商代（约前 1600—前 1046）
高 35.4 厘米，口径 20.3 厘米，肩径 26.3 厘米
1986 年四川广汉三星堆遗址 K2 出土
四川广汉三星堆博物馆藏

　　尊、罍是商周时期中原地区典型的青铜容器。三星堆遗址两个祭祀坑出土 8 尊 2 罍，是蜀地与中原地区文化交流的实物证据。古蜀人在吸收、借鉴中原青铜容器时，进行了精心甄选，选择了青铜尊、罍作为核心礼器组合，进而形成了四川地区青铜文化的特征之一，并赋予了青铜尊独特的祭祀功能。

青铜戈一组
Bronze *Ge* (A Ritual Dagger-axe)

商代（约前 1600—前 1046）
宽 2.5 ～ 4.3 厘米，通长 20.4 ～ 21 厘米
1986 年四川广汉三星堆遗址 K1 出土
四川广汉三星堆博物馆藏

  三星堆遗址一、二号祭祀坑出土青铜戈均为十字形。援呈细长等腰三角形，两侧有锯齿或连弧状刃口。一般认为，这种青铜戈可能是西周至战国时期巴蜀三角援无胡式青铜戈的祖型。青铜戈属兵器，但三星堆遗址出土青铜戈呈薄片状、不具有杀伤性，应属仿实战兵器制成的礼仪用品。

青铜执璋小跪人

Bronze Statuette of A *Zhang*-holding Figure

商代（约前 1600—前 1046）

残高 4.7 厘米，宽 1.8 厘米

1986 年四川广汉三星堆遗址 K1 出土

四川广汉三星堆博物馆藏

  青铜执璋小跪人像作跪地状，上身赤裸，双臂平抬，双手执握一件玉璋，刃部向上，柄部向下，真实再现了三星堆文化时期古蜀人用玉璋拜祭的情形，同时对玉璋在古蜀文化中的使用方式给予了生动的诠释。

玉璋

Jade *Zhang* (A Ritual Implement)

商代（约前 1600—前 1046）

通长 60 厘米，最宽 8.4 厘米，厚 0.8 厘米

1931 年四川广汉三星堆遗址真武宫燕家院子出土

四川博物院藏

玉璋

Jade *Zhang* (A Ritual Implement)

商代（约前 1600—前 1046）

通长 50.3 厘米

1986 年四川广汉三星堆遗址 K1 出土

四川广汉三星堆博物馆藏

玉璋

Jade *Zhang* (A Ritual Implement)

玉璋

Jade *Zhang* (A Ritual Implement)

商代（约前 1600—前 1046）

通长 38.2 厘米

1986 年四川广汉三星堆遗址 K1 出土

四川广汉三星堆博物馆藏

　　此玉璋器身呈鱼形，两面各线刻有一牙璋图案，在射端张开的"鱼嘴"中，镂刻一只小鸟。鱼鸟合体的主题，寓意深刻，可能与古史传说中古蜀王鱼凫有关。该器制作精美，综合运用了镂刻、线刻、管钻、打磨抛光等多种工艺；在选材上，该器还充分利用玉料的颜色渐变，随形就势以表现鱼的背部与腹部，可谓匠心独具。

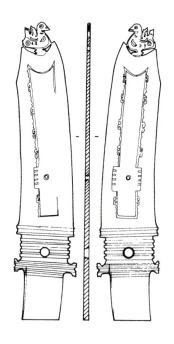

玉璋线图

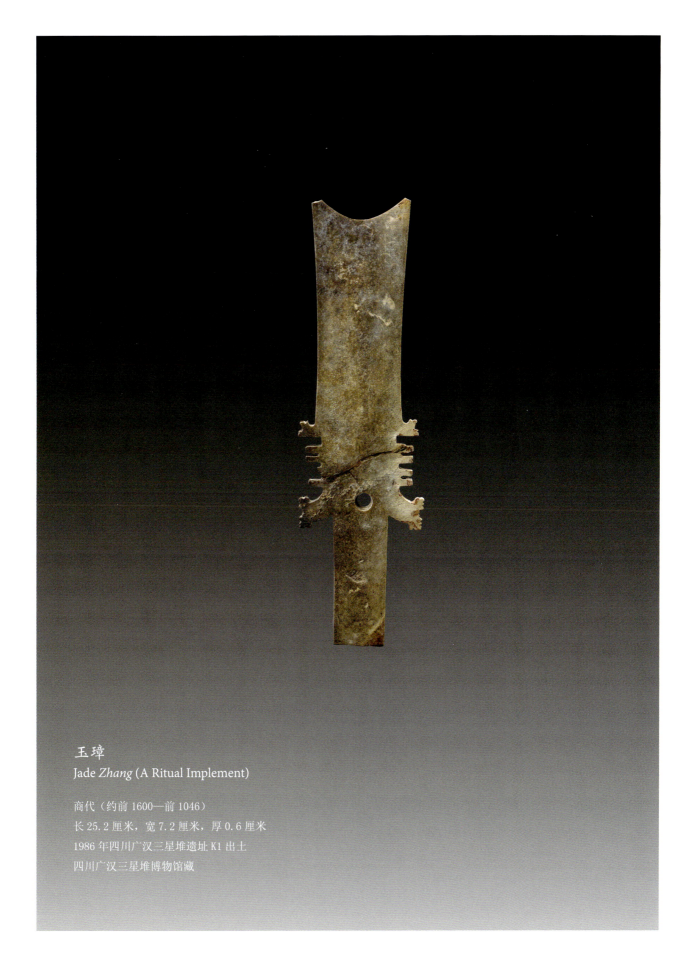

玉璋

Jade *Zhang* (A Ritual Implement)

商代（约前 1600—前 1046）

长 25.2 厘米，宽 7.2 厘米，厚 0.6 厘米

1986 年四川广汉三星堆遗址 K1 出土

四川广汉三星堆博物馆藏

有领玉璧
Jade *Bi* (A Ritual Implement) with A Raised Inner Circle

商代（约前 1600—前 1046）
直径 11 厘米，高 3.3 厘米
1931 年四川广汉三星堆遗址真武宫燕家院子出土
四川博物院藏

玉瑗
Jade *Yuan* (A Ritual Implement)

商代（约前 1600—前 1046）
直径 10.6 厘米，好径 6.9 厘米，好宽 1.6 厘米，肉宽 2.2 厘米
1986 年四川广汉三星堆遗址 K2 出土
四川广汉三星堆博物馆藏

玉琮
Jade *Cong* (A Ritual Implement)

商代（约前 1600—前 1046）
直径 9 厘米，高 11 厘米
1931 年四川广汉三星堆遗址真武宫燕家院子出土
四川博物院藏

　　该件玉琮在 1931 年出土于广汉三星堆遗址真武
宫燕家院子，按照其形制风格、琢磨工艺判断，应当
属于齐家文化玉琮。

玉琮

Jade *Cong* (A Ritual Implement)

商代（约前 1600—前 1046）

外径 7.4 厘米，内径 6.6 厘米，高 5.5 厘米

1931 年四川广汉三星堆遗址出土

四川大学博物馆藏

  这件玉琮形制规整，用阴刻线表示分节和简化兽面纹的
琢磨技法，明显是受到良渚文化玉琮制作工艺的影响。

玉戈
Jade *Ge* (A Ritual Dagger-axe)

商代（约前 1600—前 1046）
长 40 厘米，援宽 10.1 厘米，厚 0.8 厘米
1986 年四川广汉三星堆遗址 K1 出土
四川广汉三星堆博物馆藏

玉戈
Jade *Ge* (A Ritual Dagger-axe)

商代（约前 1600—前 1046）
长 55.4 厘米，援宽 7.2 厘米，厚 0.6 厘米
1986 年四川广汉三星堆遗址 K2 出土
四川广汉三星堆博物馆藏

玉刀
Jade Knife

商代（约前 1600—前 1046）
长 27 厘米，宽 3 厘米
1986 年四川广汉三星堆遗址 K1 出土
四川广汉三星堆博物馆藏

玉斤
Jade *Jin* (A Ritual Implement)

商代（约前 1600—前 1046）
高 33 厘米，刃宽 5.7 厘米
1986 年四川广汉三星堆遗址 K2 出土
四川广汉三星堆博物馆藏

玉凿
Jade Chisel

商代（约前 1600—前 1046）
长 23.5 厘米，宽 3.5 厘米，厚 2.8 厘米
1986 年四川广汉三星堆遗址出土
四川广汉三星堆博物馆藏

玉戚形璧
Jade Axe-shaped *Bi* (A Ritual Implement)

商代（约前 1600—前 1046）
长 20.8 厘米，宽 9.7 厘米，孔径 3.75 厘米
1986 年四川广汉三星堆遗址 K1 出土
四川广汉三星堆博物馆藏

三星堆遗址出土的金器，揭示了古蜀族是世界上最早开采和使用黄金的
部族之一。三星堆遗址所见黄金饰品显示了古代蜀人超高的黄金制作工艺，
且具有丰富的文化内涵。

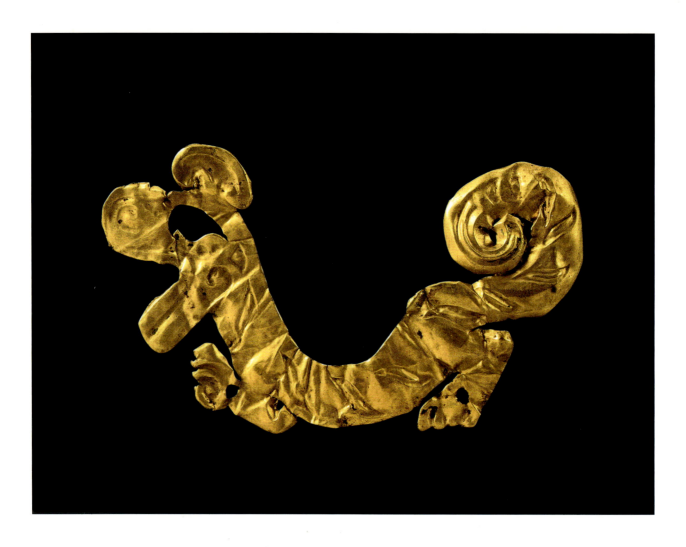

金箔虎形饰
Tiger-shaped Gold Foil

商代（约前 1600—前 1046）
通长 11.6 厘米，高 6.7 厘米
1986 年四川广汉三星堆遗址 K1 出土
四川广汉三星堆博物馆藏

金箔鱼形饰
Fish-shaped Gold Foil

商代（约前 1600—前 1046）
长 10.5 厘米，宽 1.8 厘米
1986 年四川广汉三星堆遗址 K1 出土
四川广汉三星堆博物馆藏

金箔璋形饰
Zhang-shaped Gold Foil

商代（约前 1600—前 1046）
长 8.4 厘米，宽 1.5 厘米
1986 年四川广汉三星堆遗址 K1 出土
四川广汉三星堆博物馆藏

金沙光芒

　　三星堆文化之后，十二桥文化继起。十二桥文化是以成都十二桥遗址而命名的考古学文化，其大约始于公元前12世纪中叶，止于公元前6世纪，大体相当于中原王朝的商代晚期到春秋晚期。考古出土资料证明，三星堆文化与十二桥文化之间具有明显的承袭与发展关系。金沙遗址、彭州竹瓦街窖藏等同属于该文化。

　　成都金沙遗址是继三星堆遗址之后又一古蜀都邑。金沙遗址出土文物，表现出鲜明的古蜀文化特征，承载着古蜀先民虔诚的信念和对于理想的执着追求，向世人展现了古蜀先民关于族群的历史记忆、独特的生存意象和瑰丽奇幻的精神世界。

金沙遗址位于四川成都市区西北苏坡乡金沙村，属商周时代的古蜀文化遗存，遗址总面积逾 5 平方千米。自 2001 年初发现以来，已发现大规模的建筑基址、大型祭祀场所、大型居址和墓地等重要遗存，相继出土金器、青铜器、玉器、石器、卜甲、陶器及象牙等各类珍贵文物数以万计。这些遗物表现出鲜明的古蜀文化特征，表明金沙遗址是继三星堆遗址之后，古蜀先民在成都平原建立的又一个政治、经济与文化中心，系商代晚期至西周时期古代蜀国的都邑。

金沙遗址图

十二桥文化时期的陶器承袭了三星堆文化的陶器种类，又出现了一些新的文化因素，即尖底杯的流行和瓮的出现，这表明了十二桥文化与三星堆文化的继承关系，同时也形成了自身的文化特点。

大陶瓮
Large Pottery Jar

晚商至西周
高 61.5 厘米，口径 33.5 厘米，腹径 67 厘米，底径 28 厘米
成都金沙遗址出土
成都金沙遗址博物馆藏

陶瓶
Pottery Bottle

晚商至西周
口径 4.6 厘米，底径 4.4 厘米，高 15.7 厘米
成都金沙遗址出土
成都金沙遗址博物馆藏

陶小平底罐
Small Flat-bottomed Pottery Jar

晚商至西周
口径 13.8 厘米，底径 3.1 厘米，高 9.5 厘米，腹径 12.8 厘米
成都金沙遗址出土
成都金沙遗址博物馆藏

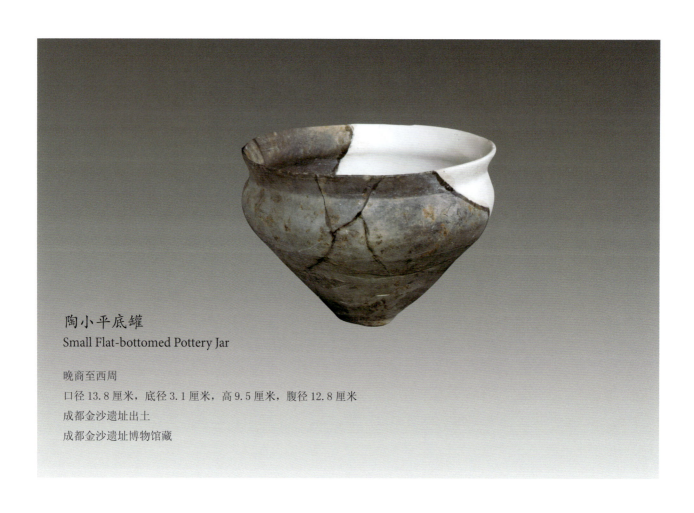

陶高柄豆
Pottery Tray with Long-stemmed Handle

晚商至西周
口径 15 厘米，底径 12.6 厘米，高 51.6 ～ 52.5 厘米
成都金沙遗址出土
成都金沙遗址博物馆藏

敞口盉
Large-diameter Pottery Vessel

晚商至西周
口径 11.3 厘米，腹径 14.4 厘米，高 30.3 厘米
成都金沙遗址出土
成都金沙遗址博物馆藏

陶尖底杯
Sharp-bottomed Pottery Cup

晚商至西周
口径 8.2 厘米，通高 14.7 厘米
成都金沙遗址出土
成都金沙遗址博物馆藏

金沙遗址出土金器 90 余件，数量与种类是同时期中国发现之最。古蜀国崇尚黄金的传统从三星堆文化就已经开始，是古蜀文化值得注意的文化传统之一。金沙遗址出土金器与三星堆遗址金器在造型、风格上完全一致。

金沙遗址金器数量巨大，制作精良，其造型和图案具有强烈的象征意义，蕴含着丰富的古蜀文化信息，是金沙古蜀先民们神祇信仰与祭祀文化的承载，是通天应神的神器。

太阳神鸟金箔片
Sun and Immortal bird Gold Foil

晚商至西周
外径 12.5 厘米，内径 5.29 厘米，厚 0.02 厘米
成都金沙遗址出土
成都金沙遗址博物馆藏

太阳神鸟金箔片的图案采用镂空方式表现，分内外两层：内层为一周等距分布的 12 条做旋转状的齿状光芒；外层图案由 4 只造型相同的逆时针飞行的鸟组成，环绕于内层图案周围。其可能是"金乌负日"神话故事的真实再现，是古蜀文化太阳崇拜的直接物证，也是古蜀人高超黄金工艺的代表。

整个图案似一幅现代剪纸作品，线条洗练流畅，构图凝练，极富韵律，充满动感，是古蜀人非凡艺术创造力、想象力与精湛工艺水平的完美结合。

2005 年 8 月 16 日，"太阳神鸟"金饰被正式确定为中国文化遗产标志。

金冠带
Royal Gold Head Band

晚商至西周

直径 19.6～19.9 厘米，宽 2.68～2.8 厘米，厚 0.02 厘米

2001 年成都金沙遗址出土

成都金沙遗址博物馆藏

  器呈圆环形，直径上大下小，出土时断裂为长条形。锤揲成形，金带表面纹饰主要以
錾刻的技艺完成，在局部纹饰中采用了刻画工艺。

  金冠带纹饰由四组相同图案构成，每组图案分别有一鱼、一箭、一鸟和一人面。鱼体宽短，
两尾尖向前卷曲；箭头插于鱼头内，箭杆较粗，带尾羽；鸟纹置于箭杆后方，鸟首上有冠；
每组图案之间以人面相隔，人面为圆形，有两道圆圈构成脸的轮廓，双圆眼，眉毛略呈方形，
嘴巴抽象。这些图案跟三星堆的金杖图案类似，可能是古蜀王朝王权的象征。

金蛙形器
Frog-shaped Gold Foil

晚商至西周
长 6.9 厘米，宽 6 厘米，厚 0.05 厘米
成都金沙遗址出土
成都金沙遗址博物馆藏

　　蛙形图案在公元前 3000 多年的仰韶文化彩陶上就已大量出现。在中国远古神话传说中，蛙既是生殖崇拜的象征，也是月亮崇拜的象征。《淮南子》中就有"日中有踆乌，而月中有蟾蜍"的记载，类似题材广泛见于汉代的画像砖石和壁画中。

　　金沙遗址出土金蛙形器系锤揲后切割成形。其造型当是青蛙或蟾蜍，此种造型的金器为金沙遗址所独有。古蜀文化中的金器多为金片、金箔，必须附着于其他器物之上使用，有学者根据中国南方铜鼓纹饰的组合特点，认为太阳神鸟金箔与蛙形器是组合并附着于某种器物上使用的，这种意见颇值得重视。

太阳神鸟与金蛙形器组合想象复原图

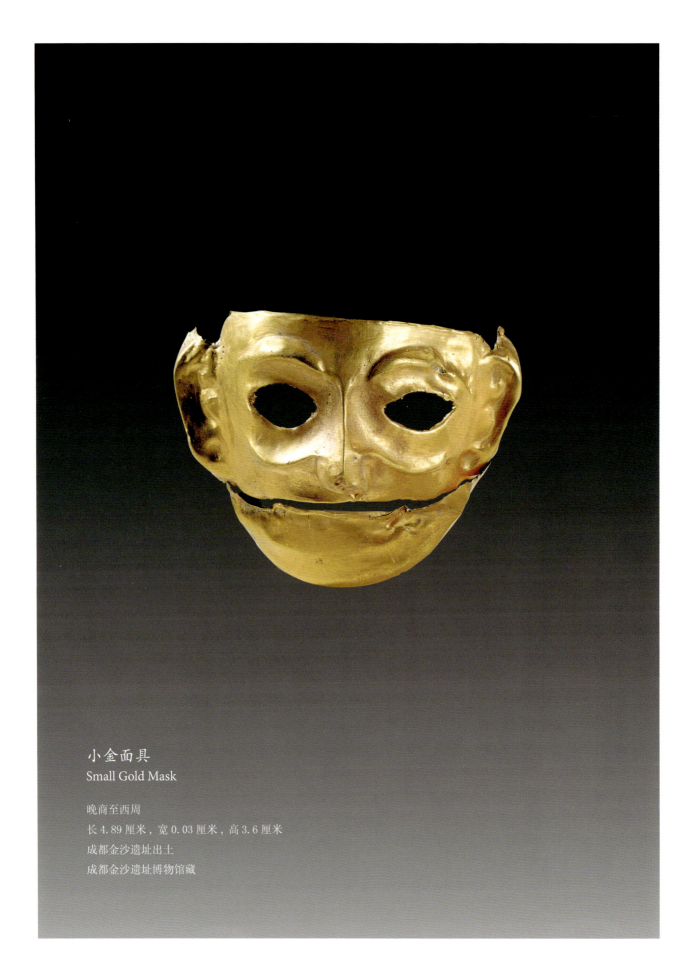

小金面具
Small Gold Mask

晚商至西周
长 4.89 厘米，宽 0.03 厘米，高 3.6 厘米
成都金沙遗址出土
成都金沙遗址博物馆藏

金人面像
Face-shaped Gold Foil

晚商至西周
长 10.1 厘米，宽 8.6 厘米，厚 0.03 厘米
成都金沙遗址出土
成都金沙遗址博物馆藏

　　此器由沙金锤揲而成，由金箔切割成对称的金带构图，
与此类似的图案在三星堆遗址、金沙遗址出土的玉璋、玉戈
上也有发现，一般认为当是一种抽象的人面或神面。

金喇叭形器
Trumpet-shaped Gold Ware

晚商至西周
直径 9.9 厘米，高 1.7 厘米，厚 0.04 厘米
成都金沙遗址出土
成都金沙遗址博物馆藏

　　玉器在中国古代被视为沟通人神的中介、受命和盟誓的信物、身份等级的标志、人体的装饰品和储存财富的手段等。古蜀国尚玉，到金沙时期更臻于豪奢的地步。这一时期的玉器，继承和发展了三星堆文化时期形成的整套礼仪，制作了大量礼仪用器，品类之丰更胜于前。金沙遗址出土玉器光润细腻、色泽艳丽，充分展示了古蜀人炉火纯青的制玉水平，是中国先秦玉器的突出代表之一。

素面玉琮
Jade *Cong* (A Ritual Implement)

晚商至西周
高 8.2 厘米，宽 7.1 厘米，孔径 5.8 厘米
成都金沙遗址出土
成都金沙遗址博物馆藏

素面短玉琮
Jade *Cong* (A Ritual Implement)

晚商至西周

长 5.7 厘米，宽 5.6 厘米，高 5.6 厘米，
孔径 3.1 厘米，壁厚 1.6 厘米

成都金沙遗址出土

成都金沙遗址博物馆藏

四节玉琮
Four-segmented Jade *Cong* (A Ritual Implement)

晚商至西周

通高 16.5 厘米，宽 11 厘米，孔径 6.94 ～ 7 厘米

成都金沙遗址出土

成都金沙遗址博物馆藏

　　这件玉琮形制规整、器形高大、琢磨精细，具有鲜明的
地域特点，是四川盆地青铜文化中自有玉琮的代表和典范。
金沙遗址出土四节玉琮与商周时期玉琮风格迥异，明显受到
了良渚文化晚期玉琮的影响，但制作上又带有明显的商式玉
琮简朴平实的风格特征。

玉璋

Jade *Zhang* (A Ritual Implement)

晚商至西周

长 22 厘米，宽 4.2 厘米，厚 0.7 厘米

成都金沙遗址出土

成都金沙遗址博物馆藏

小玉璋一组

Small Jade *Zhang* (A Ritual Implement)

晚商至西周
长 5.1 ～ 6.7 厘米，宽 1.35 厘米，厚 0.24 厘米
成都金沙遗址出土
成都金沙遗址博物馆藏

有领玉璧

Jade *Bi* (A Ritual Implement) with A Raised
Inner Circle

晚商至西周
直径 10.7 厘米，孔径 5.9 厘米，厚 0.6 厘米
成都金沙遗址出土
成都金沙遗址博物馆藏

有领玉璧

Jade *Bi* (A Ritual Implement) with A Raised
Inner Circle

晚商至西周
外径 12.6 厘米，内径 5.7 厘米，厚 0.35 厘米
成都金沙遗址出土
成都金沙遗址博物馆藏

有领玉璧

Jade *Bi* (A Ritual Implement) with A Raised Inner Circle

晚商至西周
直径 7.7 厘米，孔径 5.74 厘米
成都金沙遗址出土
成都金沙遗址博物馆藏

玉牙璧

Jade *Bi* (A Ritual Implement) with Dentate Outer Edge

晚商至西周
直径 28.4 厘米，孔径 5.0 厘米，高 2.4 厘米
成都金沙遗址出土
成都金沙遗址博物馆藏

　　此器圆孔的两面皆有高高凸起的领，在璧外周缘凿出 4 组齿状突起，每组各有 5 个齿状突起。这种环面的外缘装饰齿突的形式与考古发现中被称为牙璧的器物有相似之处。

　　从以往的考古资料看，牙璧主要分布地域在华北地区，兼及辽东和陕北一带。金沙遗址出土的有领玉牙璧，其形制明显区别于以往各地所出，在四川尚属首次发现，这不仅填补了四川地区的考古空白，还反映了中原文化与古蜀文化之间的相互交流与影响。

玉牙璧

Jade *Bi* (A Ritual Implement) with Dentate Outer Edge

晚商至西周
直径 3.8 厘米，孔径 0.2 厘米，厚 0.2 厘米
成都金沙遗址出土
成都金沙遗址博物馆藏

玉戈
Jade *Ge* (A Ritual Dagger-axe)

晚商至西周

长 35.7 厘米，宽 8.2 厘米，厚 0.9 厘米

成都金沙遗址出土

成都金沙遗址博物馆藏

　　此器应该是戈与璋的合体，援部是戈的特征，阑部齿牙装饰又是玉璋的做法。这类玉戈在三星堆遗址也多有发现，目前尚未见于成都平原以外地区，应是古蜀文化中特有器物之一。

玉剑
Jade Sword

晚商至西周
长 19.2 厘米，宽 2.2 厘米，厚 0.7 厘米
成都金沙遗址出土
成都金沙遗址博物馆藏

　　此类器物在三星堆遗址也有出土，其形
制类同于后期巴蜀青铜器中的柳叶形剑，极
有可能是巴蜀柳叶形剑的祖形。

玉梯形刻槽形器
Grooved Trapezoid Jade

晚商至西周
长 30 厘米，宽 19 厘米，厚 0.6 厘米
成都金沙遗址出土
成都金沙遗址博物馆藏

　　经测试，这件器物每一刻槽的宽度和形态正好与
一件玉剑的宽度和形态相吻合，初步推测可能是在器
外封上皮囊一类的物质，作为剑鞘使用。

玉工具一组
Jade Tool

晚商至西周
成都金沙遗址出土
成都金沙遗址博物馆藏

　　金沙遗址出土玉质工具中包括凿、凹刃凿、斧、锛等，这些工具均未见使用痕迹，应是祭祀活动中的礼仪用具。大量玉质工具在祭祀活动中使用，此种现象在中国同时期其他文化中非常少见，是古蜀文化的地方特色。

玉镯一组
Jade Bracelet

晚商至西周
直径 5.8 ～ 6.7 厘米，孔径 5.1 ～ 5.9 厘米
成都金沙遗址出土
成都金沙遗址博物馆藏

玉镯一组
Jade Bracelet

晚商至西周
直径 5.8 ～ 6.7 厘米，孔径 5.1 ～ 5.9 厘米

玉环一组
Large Jade Ring

晚商至西周
直径 3.6 ～ 4.4 厘米，孔径 2.4 ～ 2.95 厘米
成都金沙遗址出土
成都金沙遗址博物馆藏

箍形玉器

Hoop-shaped Jade Ware

晚商至西周

外径 6.9 厘米，内径 6.2 厘米，高 3.68 厘米

成都金沙遗址出土

成都金沙遗址博物馆藏

石跪坐人像
Stone Kneeling Human Figure

晚商至西周
高 17.4 厘米
成都金沙遗址出土
成都金沙遗址博物馆藏

　　金沙遗址已出土石跪坐人像计 12 件，造型基本相同。人像头发中分，两侧修剪极短且上翘，脑后梳两股长辫子垂至腰间；方脸，瘦削，颧骨高凸，高鼻梁，阔嘴，表情丰富；赤身裸体，双手用绳索反绑于身后，双膝跪地。此类造像均出土于金沙祭祀坑内，并与石虎、石蛇等配合使用，当是祭祀活动中人牲的替代品。

石卧虎一组

Stone Tiger

晚商至西周

上：高 17 厘米，身长 18.5 厘米

下：高 21.5 厘米，身长 28.8 厘米

成都金沙遗址出土

成都金沙遗址博物馆藏

石鳖
Stone Turtle

晚商至西周
长 10.9 厘米，宽 8.8 厘米，厚 2.73 厘米
成都金沙遗址出土
成都金沙遗址博物馆藏

石盘蛇
Stone Snake

晚商至西周
长 22 厘米，高 6.5 厘米
成都金沙遗址出土
成都金沙遗址博物馆藏

　　石卧虎、石鳖、石盘蛇均出自金沙遗址祭祀坑内，当与石跪人属于同一性质，是祭祀活动中的牺牲，用以代替活物。这些石雕造型古朴，雕刻精细，是我国商周时期石雕艺术的代表。

金沙遗址共出土各类青铜器 1000 余件，是古蜀青铜文明的代表。金沙遗址出土青铜文物造型风格、文化内涵与三星堆青铜文化存在明显的承袭关系，但与三星堆遗址出土青铜器相比，金沙遗址出土青铜器小型化的特征非常明显。而且这种小型化的趋势也表现在金沙遗址出土的其他类型文物中，其原因有待于进一步探究。

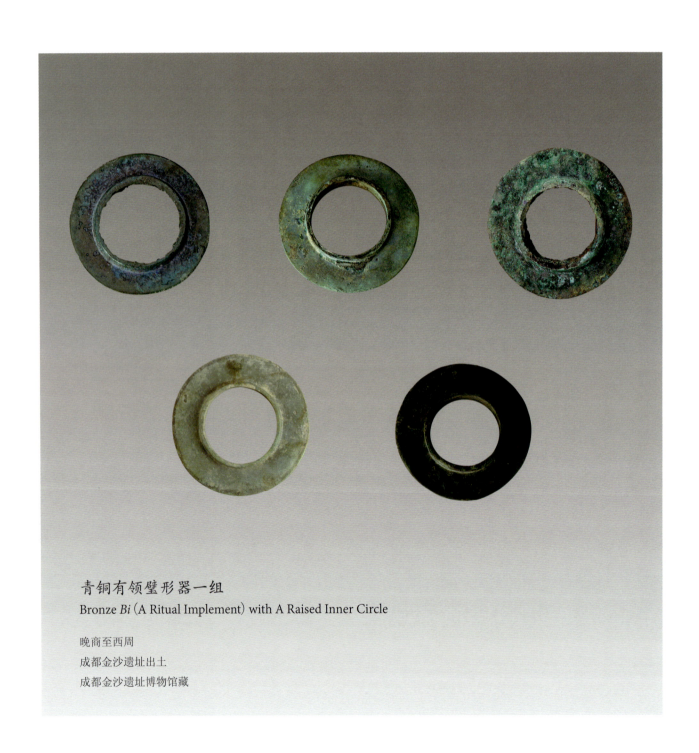

青铜有领璧形器一组
Bronze *Bi* (A Ritual Implement) with A Raised Inner Circle

晚商至西周
成都金沙遗址出土
成都金沙遗址博物馆藏

青铜方孔形器一组
Bronze Ware with Square hole

晚商至西周
成都金沙遗址出土
成都金沙遗址博物馆藏

　　此类器物在金沙遗址中出土数量较多，其形制与三星堆遗址两个祭祀坑中出土的大量"铜戚形方孔璧"基本相同，应是商周时期古蜀文化中极具特色的一种礼仪性用器。

青铜铃一组
Bronze Bells

晚商至西周
成都金沙遗址出土
成都金沙遗址博物馆藏

青铜挂饰一组
Bronze Pendant

晚商至西周
成都金沙遗址出土
成都金沙遗址博物馆藏

青铜眼形器
Eye-shaped Bronze Object

晚商至西周
长 25.3 厘米，宽 9.1 厘米，厚 0.16 厘米
成都金沙遗址出土
成都金沙遗址博物馆藏

　　此文物外形似鸟，器身前端向下弯曲成勾喙状，中部略宽，后端上翘。瞳孔、眼角及眼形器的周缘均为墨绘。商周时期古蜀文化遗址中，出土了大量鸟形、眼形文物，该件铜眼形器把古蜀人鸟崇拜和眼睛崇拜有机地结合在一起，有着极为特别的意义。

青铜眼形器
Eye-shaped Bronze Object

晚商至西周
长 20.9 厘米，宽 9.07 厘米，厚 0.12 厘米
成都金沙遗址出土
成都金沙遗址博物馆藏

青铜眼形器
Eye-shaped Bronze Object

晚商至西周
长 16.9 厘米，宽 8.6 厘米，高 0.12 厘米
成都金沙遗址出土
成都金沙遗址博物馆藏

青铜螺形器
Snail-shaped Bronze Object

晚商至西周
直径 8 厘米，高 1.6 厘米，厚 0.3 厘米
成都金沙遗址出土
成都金沙遗址博物馆藏

青铜虎
Bronze Tiger

晚商至西周
长 19.7 厘米
成都金沙遗址出土
成都金沙遗址博物馆藏

　　此物为虎的侧视造型，器体扁平，巨头、张口露齿，昂首怒目，耳竖立，
长尾上翘，两脚呈行进状；铜虎的正面有大量的凹槽，以镶嵌绿松石片作为
装饰；背面中部有两个小环形钮，用于悬挂或固定于其他器物之上。此件铜
虎与1995年三星堆遗址出土的虎形饰造型、装饰方法基本相同，只是体量略大，
二者是古蜀人自身文脉传承的具体表现。

青铜鸟
Bronze Bird

晚商至西周
长 7.2 厘米，宽 1.94 厘米，高 6.5 厘米
成都金沙遗址出土
成都金沙遗址博物馆藏

青铜牛首
Bronze Bull Head

晚商至西周
长 3.5 厘米，宽 3.2 厘米，高 4.2 厘米
成都金沙遗址出土
成都金沙遗址博物馆藏

貘首形青铜部件
Bronze Tapir Head

晚商至西周
长 6.2 厘米，宽 3.3 厘米，高 3.5 厘米
成都金沙遗址出土
成都金沙遗址博物馆藏

金沙遗址迄今未有大型青铜器出土，但遗址出土铜鸟、铜牛首、兽首形铜部件均为某些青铜器的附件，结合金沙遗址出土的青铜尊、罍的残片推测，金沙遗址极有可能存在大型青铜器。

竹瓦烟云

　　1959年、1980年四川省彭县（今彭州市）濛阳镇竹瓦街先后两次发现青铜窖藏，出土青铜器数十件，是四川地区迄今一次性出土西周青铜礼器最多的遗址。这批铜器制作精美，颇具地方特色，同时也带有商周文化的深深烙印。

　　竹瓦街窖藏所出西周吉金，昭示了古蜀之师参与武王伐商战争的历史史实，蕴含着古蜀文化特有的青铜礼制，上承三星堆文化，下启春秋战国古蜀文化，同时也见证了中原商周文化对古蜀文明的影响。

　　《尚书·牧誓》记载，古蜀之师参与了武王伐纣的战争，竹瓦街窖藏出土相关青铜器正好印证了这一史实。西周王朝建立之后，周文化自此发展成为华夏文明的内核。古蜀之师参与伐商战争，是古蜀文化主动参与华夏主体文明构建的表现。自此以后，四川地区与中原文化交流进一步密切，古蜀文化拉开了融入华夏文明的序幕。

"覃父癸"觶
Bronze *Zhi* (A Ritual Vessel) with the Inscription of
"覃父癸"(*Tan Fu Gui*)

西周（前 1046－前 771）
通高 13.7 厘米，口径 9.2 厘米 ×7.6 厘米
1959 年四川省彭县竹瓦街窖藏出土
四川博物院藏

"覃父癸"觶铭文

"牧正父己"觯

Bronze *Zhi* (A Ritual Vessel) with the Inscription of
" 牧正父己 "(*Mu Zheng Fu Ji*)

西周（前 1046－前 771）

通高 15.8 厘米，口径 11.7 厘米 × 9.9 厘米

1959 年四川省彭县竹瓦街窖藏出土

四川博物院藏

　　四川彭县濛阳镇竹瓦街窖藏出土的"覃父癸"觯、"牧正父己"觯，二者均为中原地区铸造的有铭青铜器。其在彭县竹瓦街出土，当是武王伐纣时由从征的蜀人带回的。

"牧正父己"觯铭文及纹饰

牛首纹钺

Bronze *Yue* (A Weapon) with Pattern of Cattle Head

西周（前 1046—前 771）

通高 16.2 厘米，銎宽 8.4 厘米

1980 年四川省彭县竹瓦街窖藏出土

四川博物院藏

兽面纹青铜戈

Bronze *Ge* (A Dagger-axe) with Beast-face Patterns

西周（前 1046—前 771）

援长 19.8 厘米，内长 7.6 厘米

1980 年四川省彭县竹瓦街窖藏出土

四川博物院藏

兽面纹青铜戈

Bronze *Ge* (A Dagger-axe) with Beast-face Patterns

西周（前 1046—前 771）

援长 20.3 厘米，内长 8.7 厘米

1980 年四川省彭县竹瓦街窖藏出土

四川博物院藏

　　竹瓦街窖藏先后两次出土数十件青铜兵器，其中既有中原式青铜兵器，也有极具古蜀文化特色的青铜兵器。透过这些铸造精良的兵器，我们仿佛看到了勇武善战的古蜀之师征战沙场的场景。

鸟纹戟

Bronze *Ji* (A Weapon) with Bird Patterns

西周（前 1046－前 771）

戈长 27.5 厘米，刺长 23.9 厘米

1959 年四川省彭县竹瓦街窖藏出土

四川博物院藏

商末周初的政权更替对中原地区的青铜器产生了极大的影响。酒器中有肩尊衰落，双耳圆罍流行，这一变化直接影响到了古蜀文化。古蜀文化的青铜礼器由三星堆文化时期的以有肩青铜尊为核心，演变为十二桥文化时期以青铜罍为核心，并且出现了两两成对的列罍现象。竹瓦街窖藏出土青铜器正是这种变化的见证。古蜀文化青铜礼器制度的变化恰好与商周政权的更替重合，其中深意不言而喻。

象首耳兽面纹青铜罍

Bronze *Lei* (A Ritual Vessel) with Beast-face
Patterns and Elephant-shaped Ears

西周（前 1046—前 771）
通高 70 厘米，腹径 31 厘米
1980 年四川省彭县竹瓦街窖藏出土
四川博物院藏

竹瓦街窖藏出土此种类型的青铜罍 2 件，另 1 件现藏中国国家博物馆。该器装饰三层满花，纹饰繁奢立体，在商周青铜礼器中极为少见，是青铜器中的奢侈品；其使用阶层当为高级贵族。与之风格相近的青铜罍在湖北随州叶家山曾国墓地也有出土。

蟠龙盖兽面纹青铜罍

Bronze *Lei* (A Ritual Vessel) with Beast-face Patterns and Dragon-shaped Cover

西周（前 1046—前 771）

腹径 24 厘米，通高 48 厘米

1959 年四川省彭县竹瓦街窖藏出土

四川博物院藏

蟠龙盖兽面纹青铜罍

Bronze *Lei* (A Ritual Vessel) with Beast-face Patterns and Dragon-shaped Cover

西周（前 1046—前 771）

腹径 25 厘米，高 50 厘米

1959 年四川省彭县竹瓦街窖藏出土

四川博物院藏

　　蟠龙盖兽面纹青铜罍在竹瓦街窖藏出土了 2 件，风格、纹饰相近，略有差异。同样风格的青铜罍在陕西周原、辽宁喀左、湖北随州叶家山西周曾国墓地均有出土。

牛纹青铜罍

Bronze *Lei* (A Ritual Vessel) with Cattle Patterns

西周（前 1046－前 771）
通高 79 厘米，腹径 41 厘米
彭县竹瓦街出土
四川博物院藏

　　盖作覆豆形，捉手顶端饰一浮雕蟠龙，四周饰神面纹，盖身饰浮雕牛纹；肩部牛身浮雕与牛首
状双耳组成共首双身牛纹，牛纹间分置两个兽首；腹下部为牛首鋬；颈、肩、圈足各饰两道凸弦纹。
与此罍风格相同的青铜罍在辽宁喀左亦有出土，陕西汉中市汉台区也征集到同风格铜罍 1 件。

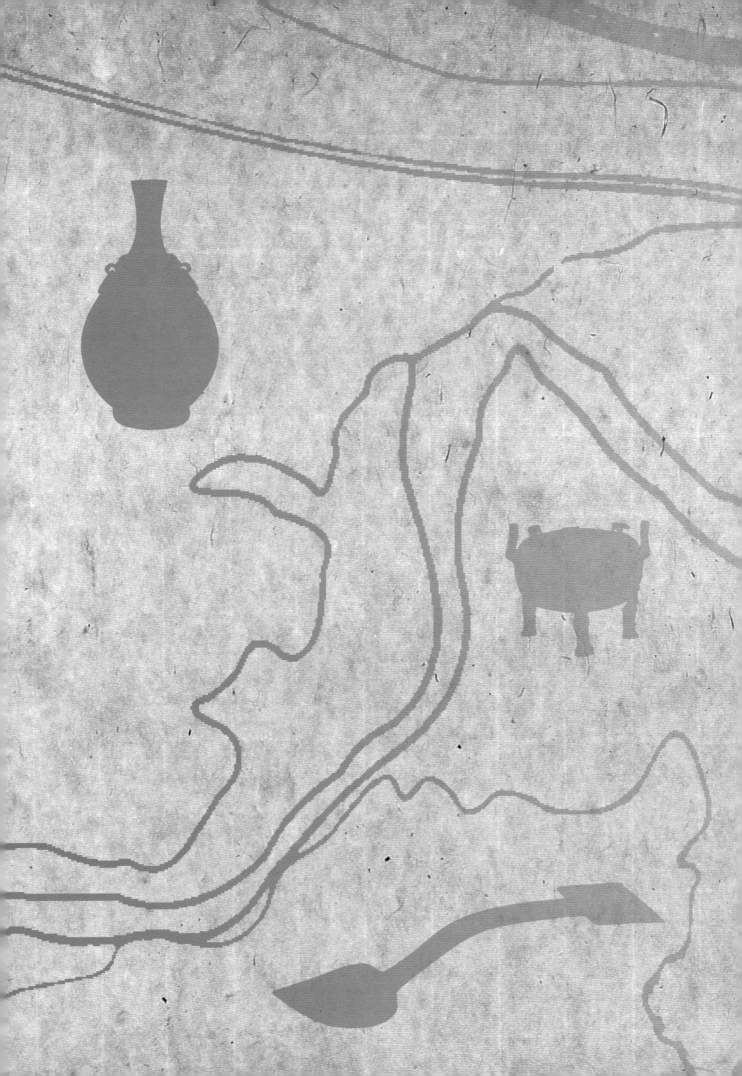

巴蜀并辉

　　春秋战国时期，古蜀文化与同处于四川盆地的巴文化相互交融，形成了"你中有我，我中有你"的文化景观，特色鲜明的巴蜀地域文化形成。四川地区的青铜文化迎来了第二个发展高峰。

　　巴蜀文化的面貌发生了很大的改变，出现了鍪、釜、釜甑等具有鲜明地域特色的青铜器，青铜实用兵器随葬极为常见，巴蜀图语出现并流行，船棺葬则是这一时期最具代表性的文化遗存。

新都马家木椁墓为一座甲字形土坑木椁墓，棺为独木舟式船棺，是四川地区迄今发掘春秋战国时期等级最高的墓葬。从椁室下腰坑内清理出各类青铜器 188 件，是迄今四川境内所见战国时期等级最高、品类最丰富、组合最齐全的青铜器群。学界推测，其当为某代蜀王之墓，随葬青铜器体现着王者之气。

随葬青铜器中多遵循五件成组的特殊数量关系，极具地域特色。墓葬中列鼎制度与列罍、列釜等巴蜀青铜礼器制度共存，器物崇尚楚风等都是巴蜀文化与中原、楚地文化交流的见证。

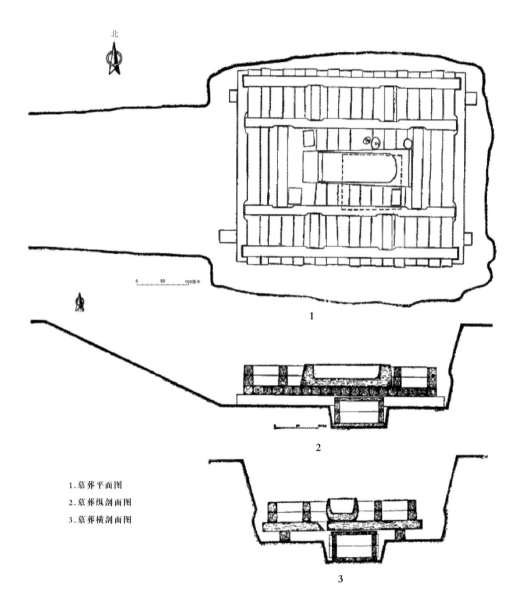

北

0　50　100厘米

1

2

3

1.墓葬平面图
2.墓葬纵剖面图
3.墓葬横剖面图

新都马家木椁墓平剖面图

"邵之飤鼎"青铜鼎
Bronze *Ding* (A Ritual Vessel) with Inscription of
"邵之飤鼎"(*Shao Zhi Si Ding*)

战国（前475—前221）
通高 26 厘米，口径 22 厘米，腹径 25 厘米
新都马家乡木椁墓出土
四川博物院藏

　　此鼎因盖内有"邵之飤鼎"四字铭文，故名。该鼎
整器铸造精美，其形制特征与湖北江陵望山楚墓出土铜
鼎基本相同，铭文风格和形制特点均表明其为楚式青铜
器。一般认为，"邵"极可能就是楚国贵族三大姓之一
的"昭"，说明楚文化和蜀文化之间交流极为密切。

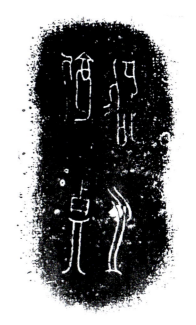

"邵之飤鼎"铭文拓片

青铜鼎一组
Bronze *Ding* (A Ritual Vessel)

战国（前475—前221）
通高28.5厘米，口径29厘米，腹径32厘米
新都马家乡木椁墓出土
四川博物院藏

　　此四件鼎皆仿邵之臥鼎，然无论纹饰，还是铸造工艺，都大为逊色。新都
马家木椁墓五件成组的列鼎现象，在四川地区迄今仍属首见。

虎斑纹无胡三角援青铜戈一组
Bronze Triangular-shaped *Ge* (A Dagger-axe) with Tiger Patterns

战国（前 475—前 221）
长 31.6 厘米，阑高 9.4 厘米
新都马家乡木椁墓出土
四川博物院藏

虎斑纹十字青铜戈一组

Bronze Cross-shaped *Ge* (A Dagger-axe) with Tiger Patterns

战国（前 475—前 221）

长 26.5 厘米，阑高 13.5 厘米

新都马家乡木椁墓出土

四川博物院藏

兽面纹三角援青铜戈一组

Bronze Triangular-shaped *Ge* (A Dagger-axe) with Beast-face Patterns

战国（前 475—前 221）

长 29.4 厘米，阑高 13.2 厘米

新都马家乡木椁墓出土

四川博物院藏

兽面纹三角援青铜戈一组

Bronze Triangular-shaped *Ge* (A Dagger-axe) with Beast-face Patterns

青铜斤
Bronze *Jin* (An Ancient Tool) with Bending Head

战国（前 475—前 221）
长 18.7 厘米，宽 8 厘米
新都马家乡木椁墓出土
四川博物院藏

　　新都马家木椁墓出土的兵器和工具多为五件一组，最能体现巴蜀青铜器的特点。这些器物出土时光洁如新，使人们得以眼见其新铸成时的原貌，实属罕见。

曲柄青铜匕一组
Bronze *Bi* (An Ancient Type of Spoon) with Bending Hilt

战国（前 475—前 221）
长 24.4 厘米，阔高 4.4 厘米
新都马家乡木椁墓出土
四川博物院藏

　　以船棺葬为代表的晚期巴蜀文化遗存，出土了丰富多彩的各类文物。装饰嵌错写实纹饰的青铜容器、柳叶形剑、菱形矛、双鞘剑等，在这一时期广泛出现；特别是青铜錾的流行，其作为巴蜀文化的一个创制，扩展影响到了其他区域。通过这一件件地域特征鲜明的巴蜀遗珍，我们领略到了源远流长的巴风蜀韵。

商业街船棺葬发掘照片

嵌错水陆攻战纹青铜壶
Bronze Vase Inlaid with Pattern of War Scenes

战国（前 475—前 221）

口径 13.4 厘米，高 40 厘米

1965 年成都百花潭十号墓出土

四川博物院藏

　　此壶身满饰嵌错图案，以三角云纹为界带，分上、中、下三层：上层为采桑射猎图，中层为宴乐弋射图，下层为水陆攻战图。这件青铜壶展现的绘画与雕刻相结合的技法，是春秋晚期至战国早期青铜器装饰艺术新技法、新风格的代表。这种记录实景场面的纹饰，学界称之为画像纹，其渊源可能与亚述帝国的水陆攻战图有关，并成为中国画像石艺术的先声。

嵌错水陆攻战纹青铜壶纹饰摹本

青铜豆

Bronze *Dou* (An Ancient Container)

战国（前 475—前 221）

口径 17.4 厘米，底径 10.4 厘米，通高 20.4 厘米

宣汉罗家坝三十三号墓出土

四川省文物考古研究院藏

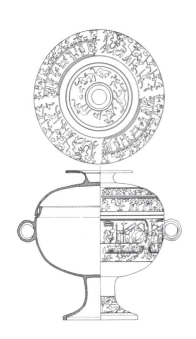

青铜壶
Bronze Vase

战国（前 475—前 221）
口径 5 厘米，底径 10.4 厘米，腹径 19.7 厘米，
通高 33.5 厘米
宣汉罗家坝二号墓出土
四川省文物考古研究院藏

罗家坝 M33 出土青铜器全图

　　罗家坝 M33 是近年发掘的高等级巴文化墓葬，所出土青铜器是最具巴文化特色的代表性器物。该墓葬出土器物之多、种类之丰富、等级之高，在西南地区的巴文化区域内前所未有。

带盖双耳鍪

Bronze *Mou* (An Ancient Container) with Lid and Binaural Handle

战国（前475—前221）

通高43厘米，腹径37厘米

1955年成都羊子山出土

四川博物院藏

铜鍪作为由巴蜀文化创制的最具地域特色的一类器物，其传播过程是巴蜀文化逐渐融入华夏文明的一个侧影。据现有考古资料可知，铜鍪在春秋战国之际或者稍早起源于巴蜀地区。秦灭巴蜀之后，铜鍪被吸收并成为秦文化的有机组成部分向各地扩散。

双鞘剑一组
Bronze Twin Swords In A Sheath

战国（前 475—前 221）
鞘长 28.5 厘米，宽 13.7 厘米，剑长 29.8 厘米
1973 年成都中医学院出土
四川博物院藏

柳叶形虎纹剑
Willow-shaped Bronze Sword with Patterns of Tiger

战国（前 475—前 221）
长 47.5 厘米，宽 4.5 厘米
1972 年四川省郫县（今郫都区）独柏村出土
四川博物院藏

　　柳叶形剑因剑身似柳叶而得名，是古代巴蜀地区流行的一
种极具地方特征的青铜短剑。三星堆一号祭祀坑出土的柳叶形
玉剑，时代为商代晚期，一般被认为是柳叶形青铜剑的前身。
其在蜀地起源之后，西周时传播到了陕西关中、甘肃灵台等地。
春秋战国时期，柳叶形剑在巴蜀地区极为流行。

蝉纹菱形矛一组
Diamond-shaped Bronze Spear with Patterns
of Cicada

战国（前 475—前 221）
长 28.3 厘米，宽 8.6 厘米
1993 年四川省彭县致和乡出土
彭州市文物保护管理所藏

巴蜀图语

文字是人类进入文明时代的重要标志之一。据《蜀王本纪》记载，蜀人不晓文字，未有礼乐，因此传统观点一般认为古蜀文化没有自己的文字。而据现有考古发现，春秋战国时期的巴蜀青铜器具（主要集中于印章、兵器）以及个别漆器、石制品上有各式各样的图像和符号，学界将其称之为"巴蜀图语"。其被视为研究巴蜀文化的文化密码，其性质尚有争议，亟待进一步研究解读。

巴蜀图语分类示意图

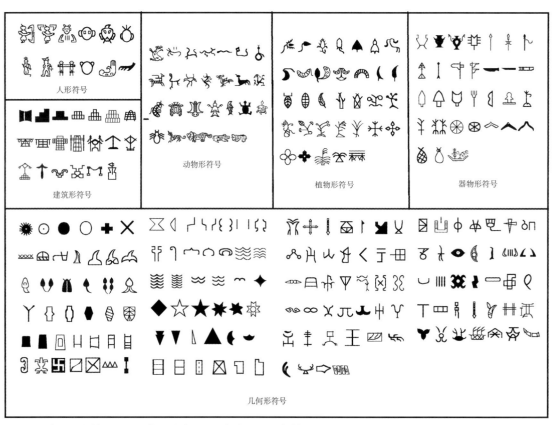

注：据严志斌、洪梅：《巴蜀符号述论》，《考古》2017 年第 10 期。

青铜戈
Bronze Ge (A Dagger-axe)

战国（前 475—前 221）
通长 25.3 厘米，胡长 8 厘米，阑宽 13.6 厘米
郫县红光公社独柏树出土
四川博物院藏

此戈援与内相接处，正反两面均饰浮雕虎首，虎首向锋作张口露齿状，虎身阴刻于内上，头身比例悬殊。胡两面均铸有巴蜀图语，脊上侧阴刻巴蜀图语一行，脊下侧正反两面均浮雕逗号状符号一组四个。此件青铜戈之上既可见象形符号，也可见抽象符号，还可见二者的复合符号，一件戈上复合出现多种类型的巴蜀图语，实属罕见。

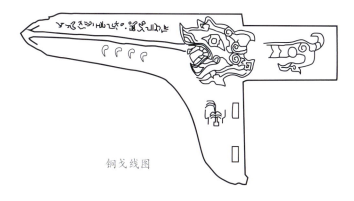

铜戈线图

虎纹青铜钲
Bronze *Zheng* (An Ancient Musical Instrument)
with Pattern of Tiger

战国（前 475—前 221）
长 41.8 厘米，口径 14.8 厘米
1951 年四川省广汉县出土
四川博物院藏

青铜印章
Bronze Seal with Symbol of the *Ba-Shu* Culture

战国（前 475—前 221）
宽 3.5 厘米，高 1.4 厘米
新都马家乡木椁墓出土
四川博物院藏

　　此印背微拱如覆斗，中为鼻钮，四周饰饕餮纹，极精。印文为巴蜀图语一组：下部两侧各立一人，似伸手相握，双手托举一图形符号，在墓内所出的一些铜器上均雕刻有与此图形符号繁简略异的符号；图形符号两侧各有一口向上的铎，二人之间置一罍。因其出土于新都马家木椁墓，有学者推测为"蜀王之印"。

青铜印章
Bronze Seal with Symbol of the *Ba-Shu* Culture

战国（前 475—前 221）

直径 3 厘米，缘厚 0.3 厘米

罗家坝 M33 出土

四川省考古研究院藏

青铜印章
Bronze Seal with Symbol of the *Ba-Shu* Culture

战国（前 475—前 221）

直径 4.2 厘米，高 1.8 厘米

成都市红卫兵中学拨交

四川博物院藏

青铜印章
Bronze Seal with Symbol of the *Ba-Shu* Culture

战国（前 475—前 221）

直径 3.3 厘米，高 1.2 厘米

四川芦山县采集

四川博物院藏

青铜印章
Bronze Seal with Symbol of the *Ba-Shu* Culture

战国（前 475—前 221）

直径 1.6 厘米，高 1.6 厘米

成都百花潭出土

四川博物院藏

青铜印章
Bronze Seal with Symbol of the *Ba-Shu* Culture

战国（前 475—前 221）

直径 2.7 厘米，高 1.2 厘米

新都马家乡木椁墓出土

四川博物院藏

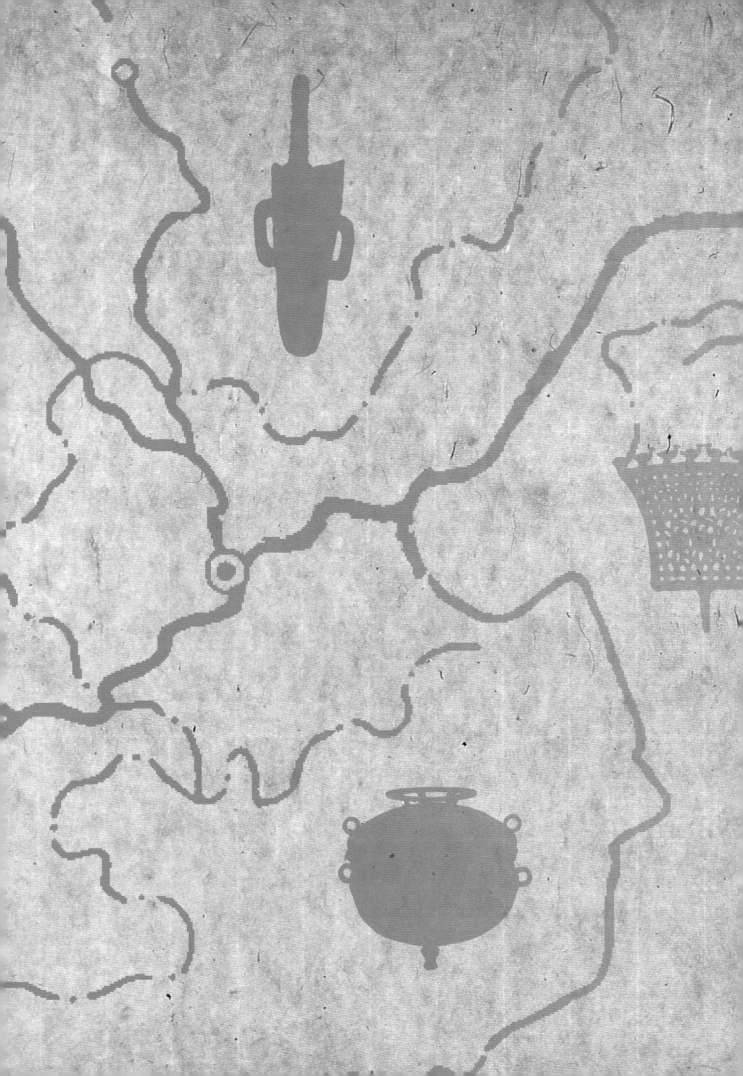

伍 交通内外

　　四川盆地自古以来被认为是闭塞之地。但考古资料却证明，古蜀文明与同时期我国域内其他文化甚至域外文化之间存在频繁的文化交流。

　　盆地周边的河流、山地和峡谷地带，是古蜀文明对外交流的交通孔道。通过这些交通孔道，古蜀文明吸收其他文化的文化因素，融合、内化为古蜀文化的有机组成部分，并向外传播影响到其他地区。

　　古蜀文明时期的交通线路表明，四川盆地作为南方丝绸之路、北方丝绸之路以及长江水道的交汇点，其渊源可以追溯到三星堆文化时期甚至更早。

出土文物可以证明，后世所谓的蜀道中的祁山道、陈仓道、金牛道等，连接成都与甘青地区的岷山道（河南道），甚至与域外交流的南方丝绸之路，通过长江水道连接杭嘉湖平原的交通线路，在古蜀文化时期就已经开通。

青铜牌饰
Bronze Badge

商代（约前 1600—前 1046）
长 14 厘米，宽 4.9～5.3 厘米
三星堆遗址出土
四川广汉三星堆博物馆藏

青铜牌饰
Bronze Badge

商代（约前 1600—前 1046）
长 13.8 厘米，宽 5.2～5.6 厘米
三星堆遗址出土
四川广汉三星堆博物馆藏

镶嵌绿松石青铜牌饰，一般被认为是二里头文化的代表性器物。除二里头遗址之外，这类器物在甘肃天水、四川广汉三星堆遗址也有出土。另外，新疆哈密、四川广汉三星堆遗址还出土了形态比较原始、没有镶嵌的铜牌饰。其传播路线说明蜀陇交通线路至少可追溯到夏商时期。

十节玉琮
Ten-segmented Jade *Cong* (A Ritual Implement)

晚商至西周
高 22.2 厘米，宽 6.9 厘米
成都金沙遗址出土
成都金沙遗址博物馆藏

　　此件玉琮的形制、纹饰、琢磨工艺以及玉料，均与三星堆遗址、金沙遗址
所出的商周时期玉琮有明显的区别。其装饰所见分节分槽的风格，所饰 40 个神
面纹，都是良渚文化玉琮的典型特征。它在成都平原出土，说明四川地区与长
江下游杭嘉湖平原存在直接或者间接的文化交流。

青铜盏
Bronze *Zhan*（An Ancient Container）

战国（前 475—前 221）
口径 21.6 厘米，通高 20.1 厘米
茂县南新镇牟托村一号石棺墓出土
茂县羌族博物馆藏

　　1992 年，在四川阿坝州茂县牟托村发现一座石棺墓及三座陪葬坑。墓葬位于四川盆地西缘的岷江上游地区，此区域正是连接成都平原与甘青地区的交通孔道。

　　该墓葬出土器物丰富，规格较高，并且器物的文化来源非常广泛。同时可见蜀文化、楚文化、滇文化等器物同时汇集于一个墓葬之中，表明此时的四川盆地已经具有强大的文化汇聚力和辐射力。

　　该铜盏形制与淅川下寺 M1、湖北石子川等地出土青铜盏相近，纹饰也与同时期楚器非常接近，故可断定为楚器。其传播路线说明，楚地通过长江水道至岷江上游地区的交通线路在战国时候就已经畅通。

双鞘青铜剑

Bronze Twin Swords In A Sheath

战国（前 475—前 221）

剑长 32 厘米，剑宽 3.7 厘米，鞘长 24.4 厘米，鞘宽 12.2 厘米

茂县南新镇牟托村一号石棺墓出土

茂县羌族博物馆藏

双鞘青铜剑是蜀文化的特色器物，在同时期蜀文化墓葬中多有出土，但在石棺葬文化中属首次出土。这说明石棺葬文化应吸收了蜀文化的因素，或石棺葬文化本身就是蜀文化系统的地方性分支文化。

（正面）

（反面）

青铜牌饰
Bronze Badge

战国（前 475—前 221）
高 13.5 厘米，宽 12.7 厘米
茂县南新镇牟托村一号石棺墓出土
茂县羌族博物馆藏

　　这件青铜牌饰属滇文化风格青铜器。其在岷江
上游地区出土，说明滇文化或通过南方丝绸之路与
该地区存在文化交流。

南方丝绸之路是以蜀文化的中心成都为起点，纵贯亚洲并延伸到欧洲和北非的交通线之一。这条线路早在商周时期便已存在，其西路在历史上被称为蜀身毒道，承担了文化交流、对外贸易和民族迁徙的重要功能，是一条内涵丰富、特征鲜明的历史文化走廊。

据《史记·西南夷传》记载，蜀地所产蜀布、邛竹杖等，早在张骞开通西域之前，就已经在今阿富汗地区出现，说明蜀地通过南方丝绸之路与南亚、中亚等地的贸易往来早于北方丝绸之路的开通。

海贝一组
Cowries

商代（约前 1600—前 1046）
1986 年四川广汉三星堆遗址出土
四川广汉三星堆博物馆藏

西南地区出土了大量产自印度洋的海贝，将这些出土有海贝的地点连接起来，恰好就是南方丝绸之路蜀身毒道的走向。三星堆遗址大量海贝出土，说明成都作为南方丝绸之路的起点可追溯到这一时期。

海贝形玉配饰
Seashell-shaped Jade Pendant

商代（约前 1600—前 1046）
长 3.2 厘米，宽 2.7 厘米
成都金沙遗址出土
成都金沙遗址博物馆藏

三星堆遗址、金沙遗址出土的象牙

　　三星堆遗址和金沙遗址出土了大量的象牙，且大部分经火焚烧。这些象牙无疑是古蜀国用于祭祀等重大礼仪的神圣物件。

象牙
Elephant Tusk

长 179 厘米，宽 54.5 厘米，高 22 厘米
成都金沙遗址出土
成都金沙遗址博物馆藏

　　金沙遗址祭祀区出土了数以吨计的象牙，这在国内外均属首次；三星堆遗址祭祀坑也曾出土过 80 根象牙，说明象牙对于古蜀人来说具有极为特殊和重要的含义。一般认为，四川地区不出产象牙，如此数量巨大的象牙，应该产自今缅甸、泰国等地，通过南方丝绸之路传入成都平原。

肩扛象牙纹玉璋

Jade *Zhang* (A Ritual Implement)with Pattern of Elephant
Tusk Carried on Shoulder

商周时期

长 18.3 厘米，宽 6.1 厘米，厚 1.1 厘米

成都金沙遗址出土

成都金沙遗址博物馆藏

　　器身两面分别刻有对称的两组相同的图案，每组图案由一跪坐人像、两道云雷纹、四条平行线纹构成。人像头戴高冠，身着长袍，双膝着地，左手持握，肩扛象牙，生动再现了古蜀人用象牙祭祀的情景。三星堆遗址出土玉器纹饰也有记录古蜀人将象牙作为祭祀用品祭山的场面。

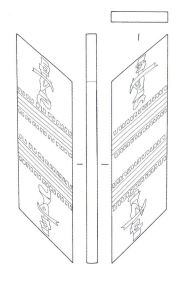

肩扛象牙纹玉璋线图

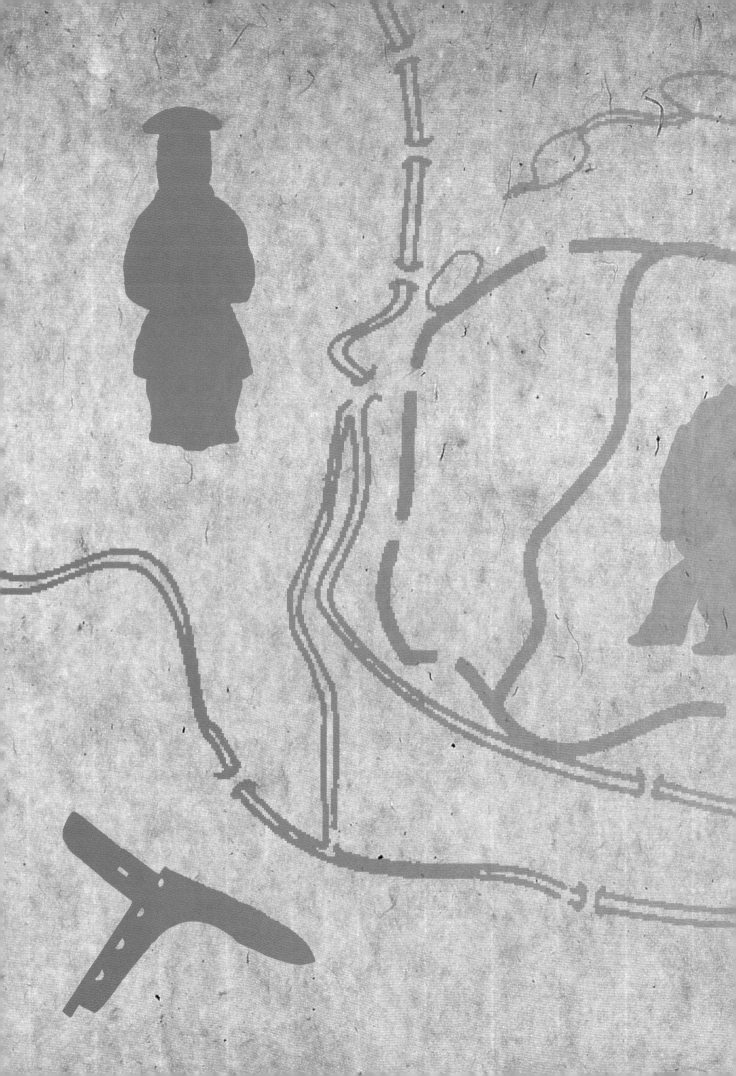

水润天府

　　公元前 316 年，秦并巴蜀，四川地区至此被正式纳入华夏版图。秦国在巴蜀之地设立郡县，移民开发，大力发展农业，广修水利，特别是都江堰水利工程的兴建，使以成都平原为中心的四川地区成为"水旱从人，不知饥馑"的天府之国。

　　此后，巴蜀大地成为历代王朝经略西南的中心，一直被视为战略后方和物资保障地。巴蜀文化逐渐消融于华夏文明之中，四川地区发展成为华夏文明的蓄水池，庇护和濡养着中华文化。

秦惠文王用司马错之谋，并巴蜀之地，使"秦以益强，富厚，轻诸侯"，为统一六国奠定了坚实的基础。秦并巴蜀，是巴蜀文明的谢幕之章，同时也是巴蜀文明融入中华文明的启幕之章。

九年相邦吕不韦戈

Bronze *Ge* (A Dagger-axe) with Inscription of "相邦吕不韦造"(Made Under the Instruction of the Prime Minister *Lv Buwei*)

战国（前 475—前 221）
1987 年四川省青川县白水区出土
青川县文管所藏

　　青铜戈内部正反两面有铭文，正面刻铭"九年，相邦吕不韦造。蜀守宣，东工守文，丞武，工极，成都"。反面铸铭"蜀东工"。同为相邦吕不韦监造的戈还可见四年、五年、七年、八年者，除八年相邦吕不韦戈出土于陕西三原外，其余均出自秦始皇兵马俑坑。这件青铜戈是迄今吕不韦戈中所见最晚的，也是迄今发现最早有明确纪年、铭刻"成都" 二字的实物资料。在秦国，国家控制兵工生产，此戈为相邦吕不韦监造，蜀守、东工守、丞、工四级分工铸造，即所谓的"物勒工名"。通过铭文，我们看到了一个完善、严格的秦国军事系统的缩影。

"成都"铭虎纹青铜矛
Bronze Spear with Inscription of "成都"(*Cheng Du*)
and Pattern of Tiger

战国（前475—前221）
通长21.9厘米，宽3.1厘米，銎径2.8厘米
1985年四川省雅安市荥经县古城村战国晚期船棺葬墓群一号墓出土
雅安市博物馆藏

　　荥经、蒲江两地都出土有"成都"铭铜戈，其上錾刻"成都"二字的秦文字，同时也铸有巴蜀图语中常见的虎纹，是秦并巴蜀后，秦文化与巴蜀文化相融合最好的实物证据。

成都平原曾饱受岷江水患。至秦昭襄王时，蜀守李冰在前人治理岷江的基础上，因地制宜，因势利导，利用岷江出山口的特殊地形和水文特点，组织修建了都江堰水利工程。

都江堰水利工程巧妙地解决了江水自动分流、自动排沙、排洪灌溉等问题，一举使岷江水患得到了治理。其是目前世界上唯一存留的以无坝引水为特征的大型古代水利工程，惠泽成都平原数千载，造就了民丰物阜的天府之国。

都江堰水利工程全景图　摄影／付三云

青川木牍

Inscribed wooden Slip Discovered in *Qing Chuan*

战国（前 475—前 221）

1980 年四川省青川县郝家坪第 50 号战国墓出土

青川县文管所藏

　　秦并巴蜀后，在四川地区推行"坏井田，开阡陌"的农耕政策，并按《秦田律》统一规范田亩面积的大小，还根据巴蜀气候特点，规定芟除杂草、整治农村道路桥梁、兴修水利等的时限。该木牍正面记载了秦武王二年（前 309），秦王命左丞相甘茂更修《田律》等事，背面为与该法律有关的记事。这是四川地区最早的有关农田水利方面的政府文告。

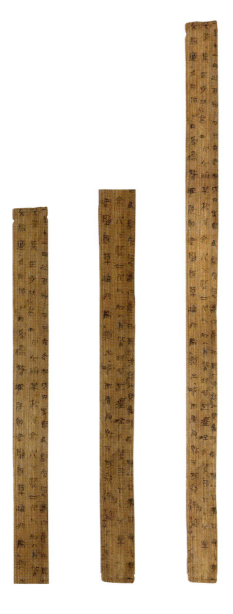

（局部）

青铜鼎
Bronze *Ding* (A Ritual Implement)

西汉（前 202—8）
口径 15 厘米，高 19.1 厘米
成都羊子山 134 号西汉墓出土
四川博物院藏

青铜立马
Bronze Horse

西汉（前 202—8）
口径 15 厘米，高 19.1 厘米
成都羊子山 134 号西汉墓出土
四川博物院藏

　　马在汉代为兴邦安国的重要战略资源，在农耕商旅、巩固疆域、拓展丝绸之路等方面发挥着重要作用。四川地区先后出土了多件汉代漆木马、青铜马和陶马等文物，这些骏马气势磅礴、刚健有力，正是大汉雄风的生动体现，反映了蜀地交通要塞的战略地位。

"心思美人"草叶纹青铜镜
Bronze Mirror with the Inscription of "心思美人"(*Xin Si Mei Ren*) and Patterns of Grass Leaf

西汉（前202—8）
直径18.1厘米，高0.4厘米
成都羊子山出土
四川博物院藏

　　该铜镜钮座外的凹面方格纹外围绕一周篆书铭文带，左旋读为"心思美人，毌忘大王"。

四乳四螭青铜镜
Bronze Mirror with Four Nail Buttons and Patterns of Four Hornless Dragons

西汉（前202—8）
直径17.7厘米，高0.6厘米
成都市羊子山出土
四川博物院藏

　　该铜镜为连峰钮，圆形钮座。主纹区由4个乳钉将整体布局划分为四区，每区内有一个大乳钉外环一周小乳钉，大乳钉之间由曲折的线条构成变体蟠螭纹。钮座外和镜缘均饰内向十六连弧纹。

　　秦汉时期，蜀郡就是国家铜器生产制作的重镇；成都是两汉时期全国三大官营手工业基地之一。四川地区考古出土的两汉铜镜中，有部分可能为本地铸造。

金银错青铜带钩
Copper Hook Made by the Process of Silvering and Gold Plating

西汉（前202—8）
长7.5厘米，直径1厘米，最宽处2.2厘米
四川省盐亭黄甸东汉墓出土
四川博物院藏

　　青铜质地，侧视为S形。马头，圆柱体，背有一钮。身错金银，饰涡纹、桃形纹等。

石雕持锸俑
Stone Carved Spade Holding Figure

东汉（25—220）
高 66 厘米
1977 年四川省峨眉山市双福乡出土
四川博物院藏

　　在四川的东汉墓葬中，执锸俑经常出现，表明了当时农业的发展与铁口锸的普遍使用。

播种画像砖
Seeding Portrait Brick

东汉（25—220）

长 40.5 厘米，宽 28.3 厘米，厚 5.5 厘米
1979 年四川省成都市新都新农乡出土
四川博物院藏

荷塘渔猎画像砖

Fishing and Hunting at Lotus Pond Portrait Brick

东汉（25—220）

长 45 厘米，宽 25.2 厘米，厚 6.5 厘米

1985 年四川省彭县义和乡出土

四川博物院藏

盐井画像砖
Brine Well Portrait Brick

东汉（25—220）
长 36.6 厘米，宽 46.6 厘米，厚 6 厘米
1951 年黄希成捐
四川博物馆藏

　　巴蜀地区是中国乃至世界盐业最早的起源地之一，史载战国时期巴蜀就已开凿盐井、汲卤煮盐。秦在此设盐官，至汉代，四川地区的井盐制作已经具有一定的规模，分工细致，工具完备。

　　此画像砖表现了汉代制盐的情景：画面左下角有高耸的井架，架上安置有辘轳，用以转动系在绳索上的吊桶，交替吸卤，高架旁有一卤槽，将卤引入煮盐的釜内；釜下架设有灶，有人正奋力扇烧起的熊熊烈火。

酿酒画像砖

Brewing Portrait Brick

东汉（25—220）

长 49.5 厘米，宽 28.3 厘米

1979 年四川省成都市新都区新龙乡出土

四川博物院藏

  中国是世界上酿酒历史最早的国家，史书载僰人酿蒟酱，有学者认为就是酒，故有
"酿酒三千年，僰人开先河"的美誉。从《华阳国志》所载开明王"以酒曰醴"，到汉
晋时期的"酴醾酒""清醇酒""郫筒酒"等佳酿，再到唐代"剑南之烧春"、宋代的
"锦江春"等名酒品牌，以及《宋史·食货志》记载的成都酒业课税数目甲天下，长江
及其丰沛的上游水系成就了四川的酒业，更流传下"文君当垆，相如涤器"的千古佳话。

羊尊酒肆画像砖

Sheep *Zun* (An Ancient Wine Vessel) Wine Shop Portrait Brick

东汉（25—220）

长 42.5 厘米，宽 25 厘米，厚 5.5 厘米

1986 年四川省彭县升平乡收集

四川博物院藏

　　画面左端"酒肆"为单檐四阿式顶，具有汉代木构建筑的特征。酒肆内横陈一案，案上置一方形容器和两个羊形盛酒器。一售酒者，一手执量器，一手将盛好酒的器皿递出，酒肆外立着两位宽衣博袖的沽酒者。画面右下一椎髻短衣裤者，正推着一辆载有羊尊形盛酒器的独轮车。

历经秦汉数百年发展，巴蜀地区成为富庶、繁荣的区域性经济文化中心。在思想文化方面，蜀地由昔日的蛮夷之地，跃居为先进的文化之邦，蜀学闻名四方，号称"文章冠天下"；道教在此诞生，佛教也伴随着丝路的文化交流传入蜀地。

多元文化

琉璃耳坠
Colored Glass Earring

西汉（前 202—8）
长 4.6 厘米，底径 2 厘米
1957 年四川省成都市羊子山西汉墓出土
四川博物院藏

此琉璃耳坠为天蓝色，平口，长腹，下敞，大平底，形似喇叭，中有孔不到底。

摇钱树
Bronze Money Tree with Pottery Base

东汉（25—220）
树高 90 厘米，座高 45.3 厘米
1972 年四川省彭山县双江乡出土
四川博物院藏

　　摇钱树流行于东汉初期至蜀汉晚期，分布地区以四川为中心，独具西南地域特色。摇钱树上除了方孔圆钱饰之外，还有壁形饰、西王母、仙人、佛像以及朱雀、辟邪等各种祥禽瑞兽和奇花异草等各种造型。有学者认为摇钱树与海上神山及神树的方仙传说有关，也有学者认为是古代神话传说中扶桑、若木、建木等各种神树的综合造型，还有学者提出它与社树有文化联系。

陶方相俑
Fangxiang (A Mythological Image) Pottery Figurine

东汉（25—220）

高 87.2 厘米

1974 年四川省双流县（今双流区）黄水镇出土

四川博物院藏

　　方相是传说中驱除疫鬼和山川精怪的神灵。四川出土的方相俑，独具地域特点，往往头部大，身躯略小，头顶有突出的高髻，两耳招风，张口瞠目，长舌獠牙，手持钺和蛇，形象狰狞奇诡。

仙人骑鹿画像砖

Immortal on Deer Portrait Brick

东汉（25—220）
长 44 厘米，宽 25.3 厘米，厚 6.2 厘米
1984 年四川省彭县九尺乡收集
四川博物院藏

日神羽人画像砖
Sun God Portrait Brick

东汉（25—220）

长 47.2 厘米，宽 28.5 厘米，厚 5.5 厘米

1959 年四川省彭县太平乡出土

四川博物院藏

　　砖上刻画一羽人，人首鸟身，头戴冠，冠上饰羽毛，腹部有一圆轮，轮中有金乌，为日之神。

月神羽人画像砖
Moon God Portrait Brick

东汉（25—220）
长 47.2 厘米，宽 28.5 厘米，厚 5.5 厘米
1959 年四川省彭县太平乡出土
四川博物院藏

　　砖上刻画一羽人头向左展翅飞翔，人首鸟身，头梳髻，腹部有一圆轮，轮中有蟾蜍、桂树，是月之神。

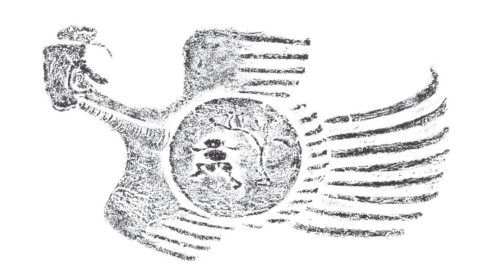

伏羲女娲画像砖
Fuxi, Nvwa (Two Mythological Images) and Two Snakes Portrait Brick

东汉（25—220）
长 37.5 厘米，宽 45 厘米，厚 7 厘米
1969 年四川省彭山县碱厂崖墓出土
四川博物院藏

西王母画像砖
Queen Mother of the West Portrait Brick

东汉（25—220）
长 45.5 厘米，宽 40.3 厘米，厚 5 厘米
1955 年四川省成都市新都新繁镇清白乡出土
四川博物院藏

　　该砖画面整体布局缜密而不繁乱，是迄今所见表现西王母传说最全面的一方。两
汉时期的西王母作为掌管生死的女神形象已经基本完善，其形象多出现于墓葬中，意
在祈求天地神灵的保护，死后升仙。职掌"不死药"的西王母投合了道教对长生的追求，
被道教有意识地吸纳改造，并最终转型成为道教女仙。

浮雕石棺

Embossment Stone Conffin Cover

东汉（25—220）
长 237 厘米，宽 72 厘米，高 121 厘米
1973 年四川省郫县新胜乡出土
四川博物院藏

　　该石棺四壁均有浮雕：头档刻伏羲女娲，人首蛇身，对吻交尾，分别托举日月，日中有金乌，月中有玉兔和蟾蜍；足档刻双阙，门中有人躬腰捧版；棺左侧面刻宴乐杂技、庖厨备宴、车马临门；右侧面刻曼衍、角抵和水嬉，上层七人戴面具，似作擒虎之戏，下层有一人击鼓，四人弯腰，五人舞蹈。

　　此外，棺盖浮雕龙虎戏璧图，蛟龙猛虎皆生羽翼，伸爪拉住璧上的系带；璧下一力士双手撑地，肩部承璧；图上方刻牛郎织女图。上述图像象征着天上的青龙星座、白虎星座、牛郎星座和织女星座，意在祈愿幸福、辟除不祥。

　　石棺的整体图像表达了墓主人强烈的升天成仙愿望。

讲经画像砖
Sermon Portrait Brick

东汉（25—220）
长 39.5 厘米，宽 25.2 厘米，厚 6.6 厘米
1953 年四川省德阳市柏隆乡出土
四川博物院藏

　　汉景帝末年，蜀郡太守文翁在成都兴学，建立文翁石室，以儒家文化为价值取向推行教化之责，填补了中央太学与私学之间的教育空白，开创了中国乃至世界地方官办学堂的先河。汉武帝时，在全国大面积推广文翁兴学的经验和做法，可谓是中国科举取士的发源和开端，直接影响了中国文官制度的形成和发展。

　　该砖上的"讲经图"生动再现了老师面对学生传道、授业、解惑的教学场景：画面上三人，皆头戴进贤冠，身着文儒之服，右边一人侧身向右，其颌下有髯似师长在教授；左端两人皆面向左，手捧竹简，虔诚肃穆，恭敬地听经师讲解。

四川地区考古出土了大量内涵丰富、工艺精湛的汉代文物。其中既有形态各异、神情生动的人物俑，也有造型逼真的动物俑；更有制作风格鲜明、技艺高超、内容丰富的画像石、画像砖。这些文物生动再现了汉代四川地区社会生活中的乐舞百戏、饮食起居、车骑出行、田猎弋射、神话传说等各类情境，充分显示了汉代蜀地物产的富足、市场的活跃、文化的发达，以及世俗生活的逸乐欢享。

凤阙画像砖
Phoenix Palace Portrait Brick

东汉（25—220）
长 44 厘米，宽 38 厘米，厚 6.5 厘米
1972 年四川省大邑县安仁镇出土
四川博物院藏

　　此砖画面层次清晰，比例适度，富于立体感。画面由双阙组成，主阙重檐，主阙间有一门，门扉向内开启，左右各有一子阙，以桥形层楼连为一体。檐下木枋、斗拱清晰可辨。层楼正脊饰一体态优美的凤鸟。《汉书》卷二十五："（建章宫）其东则凤阙，高二十余丈。"颜师古注："《三辅故事》云：'其阙圜上有铜凤凰。'"故名。

市井画像砖
Marketplace Portrait Brick

东汉（25—220）
长 32.5 厘米，宽 24 厘米
四川省彭县收集
四川博物院藏

　　两汉时期，巴蜀地区的社会经济得到了快速的发展，成都成为全国五大都市之一，商品流通全国。四川地区出土的"市井"画像砖再现了当时的市肆布局和繁荣景象。

车马过桥画像砖

Carriage and Horse Passing Bridge Portrait Brick

东汉（25—220）

长 45.5 厘米，宽 40 厘米，厚 6 厘米

1956 年四川省成都市跳蹬河出土

四川博物院藏

庖厨画像砖

Kitchen Portrait Brick

东汉（25—220）

长 43.7 厘米，宽 25.8 厘米，厚 6.6 厘米

1984 年四川省彭县义和乡收集

四川博物院藏

养老画像砖

Aged-providing Portrait Brick

东汉（25—220）
长 48.3 厘米，宽 28 厘米，厚 5.5 厘米
1956 年四川省彭县出土
四川博物院藏

　　该砖画面正面为建在台阶上的仓房，房顶有气窗，台阶前有巨石砌成的踏道。仓房左边设一席，席上坐一戴冠长服者，其前置大小两个容器，他正伸手指挥发粮。右下角有一老者荷鸠杖跪于地，其前一仆役执量器往地上的容器中装粮食。

　　先秦时，每逢仲秋政府都要为体衰年老者授杖和准备粥饭。汉代制定了专门的养老政策，给年逾 70 岁的老者颁发鸠杖，象征着老人能如鸠一般食而不噎，长命百岁。除此之外，老人还可以免费享用熬制烂熟的香糯粥饭，正所谓老有所养，老有所依。

宴乐画像砖
Conviviality Portrait Brick

东汉（25—220）
长 48 厘米，宽 43.5 厘米，厚 6 厘米
1965 年四川省成都市昭觉寺出土
四川博物院藏

盘舞杂技画像砖
Dish Dance Acrobatics Portrait Brick

东汉（25—220）

长48厘米，宽28.5厘米，厚5.2厘米

1956年四川省彭县太平乡出土

四川博物院藏

  画像砖画面上左边为十二案重叠，一双髻女伎于案上表演"反弓"。右边一人表演"跳丸"，丸有三枚。中间有一双髻女伎，手持长巾，踏鼓起舞，舞者足下倒覆七盘。除了歌舞、器乐演奏之外，四川地区汉代还盛行叠高、倒立、跳丸、手搏、六博、骑吹、骆驼载乐等娱乐文化活动。

骆驼载乐画像砖
Band on Camel Portrait Brick

东汉（25—220）
长 42 厘米，宽 33.5 厘米，厚 6 厘米
1978 年四川省成都市新都马家乡出土
四川博物院藏

  画面上骆驼昂首张口，缓步前行。驼背佩鞍，两峰之间树一建鼓，鼓上饰羽葆。
骆驼前峰跪坐一人，曳长袖击鼓。图上左侧的击鼓人残损，从同墓出土的残砖推测
应有一击鼓人与之相对。

说唱陶俑
Story-teller Pottery Figurine

东汉（25—220）

高 66.5 厘米

1963 年四川省郫县宋家林砖室墓出土

四川博物院藏

　　汉代从宫廷到民间，百戏流行，四川汉代陶俑再现了当时说唱、歌舞、器乐、杂技、角抵、魔术、斗兽等演出盛况。乐舞说唱俑是其中最生动活泼和最具生活气息的俑塑类型，仅四川一地就出土多个说唱俑，彰显出盛世娱乐文化的繁荣。

抚琴陶俑
Musical Instrument Player Pottery Figuring

东汉（25—220）
高 26.7 厘米
1957 年四川省新津县堡子山出土
四川博物院藏

舞蹈陶俑
Dancer Pottery Figurine

东汉（25—220）
高 45 厘米
1971 年四川省遂宁市出土
四川博物院藏

陶楼

Pottery Building

东汉（25—220）

高 63 厘米，面阔 46.5 厘米，进深 18 厘米

1971 年四川省遂宁市出土

四川博物院藏

　　陶楼为泥质褐陶，上下两层，屋顶为五脊庑殿式瓦顶，两组斗拱承托檐枋。上层栏板右边塑一歌唱俑，中间为一抚琴俑，推测左侧应有一俑已失。楼下有廊，立一说唱俑。此楼当属表演乐舞百戏的戏楼。

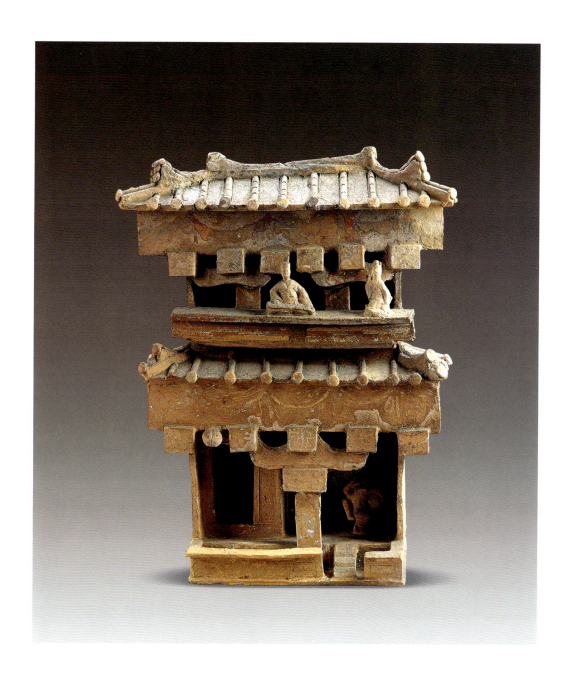

论文

巴蜀文化区的"水库效应"

林 向

四川大学历史文化学院考古系教授

我国西南部自古以来存在一个以四川盆地为中心的"巴蜀文化区",这个巴蜀文化区的范围大体包括《汉书·地理志》所记载的"巴蜀广汉"及与"巴蜀同俗"的"武都""汉中""犍为牂牁越巂"等地,几乎囊括我国西南地区。

巴蜀文化是我国一支区域性的文化奇葩,它既有鲜明的特征,又是源远流长的中华文化中不可分割的有机组成部分。它是以考古发现的先秦时期的巴蜀文化为源头的,包括四川省与重庆市两者及邻近地域在内,历史上各族人民共同创造的、至今还鲜活着的地域性亚文化。

巴蜀文化区所处的四川盆地具有三方面得天独厚的地理和人文条件:

一是它四周有高山屏障,内部江河丘陵交错,自成一个地理单元,自古以来易守难攻,很好地保障了盆地的安全,有利于社会安定发展。

二是四川盆地资源丰裕、气候宜人,为古代各民族、各种不同经济类型以及社会组织程度不同、生产力发展水平不同的人们在此生息提供了极其有利的条件。

三是盆地东出三峡,俯临江汉吴越,北部经岷江、嘉陵江河谷可与甘青地区及汉中盆地相连——史前彩陶及先秦时期巴蜀与中原王朝的关系皆由此交通,西南为"藏彝走廊"

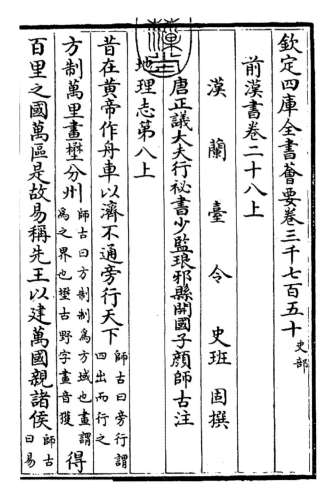

班固《汉书·地理志》书影

青铜爬龙柱形器

连通中亚南亚，其有利的地理位置便于古代交通。"栈道千里，无所不通"是太史公亲见的实情，"蜀道之难，难于上青天"不过是诗人的抒情和夸张。

当中原地区动荡不安时，四川盆地就成为天然的"避难所"，而当时机成熟时盆地又可成为强势政治集团逐鹿中原的"根据地"或者开拓西南边疆的"前哨基地"。因此，在源远流长的中华文明的历史长河中，四川盆地犹如一座水库，对中国历代的政治、经济、文化、人口等，都起到了流动、储存、调节、融合、扩散等的"水库效应"。这种"水库效应"在四川盆地文明的早期以及中华文明的早期发展中有所体现，在历史上四川地区存在的五次大移民浪潮（秦汉、两晋、五代、明清、抗日战争）中尤其明显。巴蜀考古的发现与研究为此提供了证据。

例如"龙文化"是中华文明的特征之一，传入长江上游表现为三星堆出土的许多"羊首龙"，它与传入北方草原的"鹿首龙"、东北的"熊（猪）首龙"、黄河上中游的"鱼首龙"、黄河下游的"鳄首龙"、长江下游的"人形龙"相互辉映，共同构成"你中有我、我中有你"的多元文化融合一体的文化特征。三星堆一号祭祀坑出土的仪仗"青铜爬龙柱形器"上矗立的是长着山羊头的神龙；二号祭祀坑出土的神木社树"1号大型铜神树"上从天而降的龙也长着羊头。古蜀文明为什么要有"羊首龙"呢？这与"蜀与夏同源"和"禹兴于西羌"的古史传说有密切关系。《说文解字》载"羌，西戎，羊种也。"故而古蜀文明崇拜的祖神"禹龙"一定是"羊首龙"的形象。这就是"龙文化"流动、储存、调节、融合、扩散的明白例证，所以我们说四川盆地的巴蜀文化区是中华文明长河中的一座"文化水库"。

又如三星堆出土的一种异形三足炊器，三个款足似三个尖底杯粘在器底，外加一颈圈外侈如锅，俯看似今日四川的家常泡菜坛子，实际是一种经过改造的北方的鬲形器。三星堆铜人像的造型更具有复合性。发式有西南盛行的辫、披发、锥结，又有东南沿海流行的断发，还有中原常见的笄和冠，贯耳文身当然是东南文化区的特征。

这里的聚落也具特色。在崇山峻岭间沿水道两侧的平坝（阶地）分布的大小聚落，构成我国特有的

川西坝子

"坝子文化"。成都平原上前有"宝墩文化"的史前古城群,后有三星堆与十二桥(金沙)两大城邑并峙。成都平原上所筑的城墙两面均为斜坡,与中原等地的城池重在防攻不同,它兼有古国标志、防洪大堤、卫御围护、营建宫室、祭祀神坛等多种功能。地面建筑除有与外地相同的木骨泥墙外,还有杆栏建筑、抬梁编墙,还有地梁载柱的宫殿。

这里的早期国家(酋邦制),信奉以祖灵和神树为中心的"泛萨满教",有超级多层祭坛、大型的祭埋坑。三星堆只有仪仗没见武器,巴蜀没有战车有战船,执短柲戈、长柲矛、斤钺掷剑,以圆盾为护。丧葬土埋,有奇特的"围罐葬""船棺葬""石棺葬"等葬俗。史书里载有多种"荆人王蜀"的传说,反映曾经有代表东南文化的濮越族群加入代表西北文化的氐羌族群中来,再加上北方华夏文化与东方东夷文化的融入,本区域形成文化综合体的杂交优势,所以本区域在中华古代文明的格局中既为一体,又独树一帜。

纵观四川盆地古代文化发生大的变化与演进的高潮时期,往往与人群的移动有关。由于一个文明体系或文化系统内部的创新及其与周邻文化之间的相互交流、影响,不会在短时期内引起一个文明、文化、族群及其考古学文化发生巨大变异,因此古代文化和考古发现的变迁一般呈现出一种渐进过程。秦并巴蜀,建立郡县,巴蜀文化区成为秦帝国的一部分;推行书同文,车同轨,中原文化的强行传入,巴蜀文化的特质虽然保存了下来,但还是被逐渐涵化为一支"大同小异"的地方性文化。尤其是随着秦汉、两晋、唐宋、元明清间数次大规模的移民活动,中原文化、荆楚文化、客家文化、盆地周边少数民族文化的传入,赋予广义的巴蜀文化丰富多彩的文化面貌"巴蜀地方文化"。

历史时期的巴蜀考古发现的丰收期正与移民高潮期相对应。秦汉考古收获甚丰,汉墓群遍及盆地各处,墓葬出土的精美文物中还常有巴蜀图语的印章,反映巴蜀遗民与外来移

成都老官山汉墓·经穴髹漆人像

民的融合；内容丰富新颖的壁画题榜与画像砖石优于外地；大量的髹漆木器远销乐浪、交趾，其中髹漆木质人体经络俑是汉代医学解剖水平的代表。隋唐间的石窟寺艺术别具风格，邛窑首创釉下彩陶艺，《陀罗尼经咒》是国内仅存年代最早的印刷品。五代两宋北方石窟寺衰微，而这里的大足、安岳的石刻和大量的佛、道造像却发扬光大。富有人文气息的宋三彩俑比之于关洛的唐三彩另显风采。多处精美铜器、瓷器、银器窖藏，乃移民频繁的物证。明清间的山寨碉房，反映"湖广填四川"的移民墓葬的碑刻，以及战国秦汉以迄明清的各式崖葬（包括悬棺葬、崖洞葬）……都为我国的文物宝库增添光彩。

因此，我们认为从考古发现与研究的角度基本能够证明，由于四川盆地所处的特殊地理和人文条件，在源远流长的中华文化历史长河中，巴蜀文化区犹如一座水库，其对中国历代的政治、经济、文化、人口等，都起到了流动、储存、调节、融合、扩散等的"水库效应"。

本文刊于《重庆文理学院学报》（社会科学版）2014 年 7 月第 33 卷第 4 期，

经作者授权收入本书。

古蜀文明的演进特点及其在先秦史上的地位

段 渝

四川师范大学教授　四川省社会科学院研究员

先秦时期，由古蜀人所创造而兴起于四川盆地并波及周边广阔地域的古蜀文明，是一支灿烂的古文明。古蜀文明以新石器时代晚期的成都平原宝墩文化、夏商时期的三星堆文化、两周时期的成都十二桥文化—金沙遗址等物质文化遗存为表征，连续发展演变 2000 余年，对中国西南地区的文明演进产生了重要作用，在中国文明史上留下了不朽的一页。本文仅就古蜀文明演进的阶段、特点及其在先秦史上的地位略做论述，就教于海内外博学通人。

一、古蜀文明演进的阶段

作为一种历史过程，古蜀文明的盛衰兴亡不可避免，留下了一部高潮与低谷相激荡的文明演变史，于是形成"阶段"或"时期"。各个时期的相互衔接，便是古蜀文明演进的全部历程。

古蜀文明经历了文明起源、文明形成、文明演变和文明发展等 4 个时期，前后延续 2000 余年。

古蜀文明的起源，从历史文献方面可以追溯到蜀山氏，从考古学方面可以追溯到新石器时代晚期成都平原的宝墩文化。这个时期是古蜀历史上的传说时代，在古史记载里是蚕丛、柏濩和鱼凫等所谓"三代蜀王"角逐争雄的时期，也是古蜀酋邦社会的形成时期，同时也是古蜀国家与文明的起源时期。[1]

约从夏商之际到商周之际，是古蜀文明的形成时期。约当夏商之际，在成都平原中部形成了以广汉三星堆古城为中心的古蜀文明，显著标志是建于早商时期的规模宏大的古城，它是在宝墩文化的基础上发展起来的，表明最初城市的聚合过程业已达到相当水平，早期城市生活方式初步确立。在这一时期，青铜器已经出现，器种主要是兵器和工具[2]，表明已步入青铜时代。对应于历史文献，这正是"三代蜀王"

1　段渝：《政治结构与文化模式——巴蜀古代文明研究》，上海：学林出版社 1999 年版，第 16-53 页。

2　按：这是指出土于新繁水观音 M1、M2 和汉源富林的青铜器，其始铸年代为商代前期。转引自杜廼松：《论巴蜀青铜器》，《江汉考古》1985 年第 3 期。

角逐争雄[1]，而以鱼凫王统治的建立为终结的时期，意味着高于史前酋邦制的阶级国家已经诞生[2]，古蜀文明逐步走向兴旺发达。在这个时期的中后期阶段，出现了灿烂的三星堆青铜文化，城市生活方式也基本确立，并初步形成了以广汉三星堆古城为中心，以成都、雅安、陕西汉中盆地等为战略支撑点的在政治上分级、在功能上分区的广阔的空间构架。[3]社会结构日益复杂化，神权政治臻于极盛，经济空前繁荣，青铜文化步入高峰，表明古蜀文明日益走向成熟。

商周之际，古蜀王国的政治史上发生了第一次王朝更迭，杜宇王朝取代了鱼凫王的统治，号为蜀王，一号"杜主"。[4]在考古学上，古蜀文化也出现了若干新的变化，标志着古蜀文明进入一个新的发展时期，即演变时期。

周初以后古蜀青铜器形制及所反映的文化内容已与商代鱼凫王国有重要区别，重器绝无大型雕像群，礼器中形成列罍之制，形制花纹多取诸中原同类器物，组合意趣不同，是古蜀本土所铸。[5]引人注目的是，彭州竹瓦街窖藏铜器中的两件兽面饰象纹铜罍，与辽宁喀左所出西周燕国铜罍，形制花纹基本相同，并且其纹饰又见于周武王时的天亡簋、成王时的仲甗簋，[6]显然有浓厚的周文化色彩。可见，自周初开始，蜀国统治阶级的青铜礼器群发生了重要变化，表明了享有这些礼器的统治集团发生了重要变化，反映了古蜀王国政权的易手。这种变化，也正与陶器中鸟头柄勺的消失同时，反映了鱼凫王的势力已遭到彻底扫荡。

西周时代蜀文化考古未见商代蜀国所特有的大型青铜雕像群一类标志神权至上的遗物，正是从考古学文化上反映出的杜宇王朝与鱼凫王朝在国家形态上的重要区别。这种区别的实质在于：以鱼凫王为代表的古蜀王国，对内实行彻底的神权政治，统治阶级的意志是通过神的意志来表达的，其最精美、最华贵的物品均出自用以祭祀神灵的祭祀坑，就是最为明确的证据。而金杖实为集神权、政权和财富垄断权为一体的最高象征物，各种青铜人像也是祖先崇拜的象征，或巫师的形象。种种现象表明，早期的古蜀王国还处于实行神权政治的早期国家阶段，这与世界古代文明中的各个早期国家无不以实行神权政治为特征，是为宗教国家或神权政治国家的情形[7]，大体相同。但是在杜宇王朝则否。杜宇王朝的一系列治民措施，无论是使三代蜀王的"化民"复出，还是耕战治水，都带有显著的务实特点，其礼乐制度也不是国家宗教的产物，而是突出表现现存的等级制度，表现现实政治和赤裸裸的阶级统治。可见，在杜宇王

---

1 刘琳：《华阳国志校注》卷三《蜀志》，成都：巴蜀书社 1984 年版。

2 段渝：《论蜀史"三代论"及其构拟》，《社会科学研究》1987 年第 6 期。

3 段渝：《四川通史》第 1 册，成都：四川大学出版社 1993 年版，第 41 页。

4 刘琳：《华阳国志校注》卷三《蜀志》。

5 冯汉骥：《四川彭县出土的铜器》，《文物》1980 年第 12 期。

6 晏琬：《北京、辽宁出土铜器与周初的燕》，《考古》1975 年第 5 期。

7 V. G. Childe, *Man Makes Himself*, 1948; L. White, *The Evolution of Civilization*, 1959; E. R. Service, *Origins of the State and Civilization: The Process of Cultural Evolution*, 1975.

朝的统治秩序中，宗教神权固然必不可少，但却不占第一位，而是统治机制中较次要的成分，现实阶级统治才是最核心的部分。这就意味着，杜宇时期的蜀王国，已走出早期国家的发展阶段，进入比较成熟的阶段。这种直接实施阶级统治的国家形态，比起早期的神权政治国家，无疑是历史性的进步，也充分表现出了文明的演进。

古蜀文明的发展时期约当春秋至战国晚期。这个时期古蜀文明的显著特点是：第一，开明氏取代杜宇为蜀王，建立起古蜀开明王朝；第二，古蜀青铜文化进入全面繁荣时期；第三，古蜀青铜器、漆器上出现大量文字和符号，巴蜀印章广泛使用，巴蜀文字制度形成；第四，与等级制度相结合的古蜀礼乐制度臻于全盛，这充分反映在考古发现的古蜀墓葬的内涵上；第五，尤其重要的是，春秋中晚期开明王朝移都成都，以成都为都城的古蜀城市文明体系得以最终确立，大大推动了古蜀文明的进一步蓬勃发展。同时，开明王朝奉行积极向外开疆拓土的国策，向北"攻秦至雍"，向南"雄张僚僰"[1]，向东"据有巴蜀之地"[2]，向西"以灵关为前门"[3]，以至于"东接于巴，南接于越，北与秦分，西奄峨山番"[4]。尤其是历代开明王先后把成都平原的北方、东方和南方作为最主要的战略发展方向，并取得一系列成功，一方面充分显示出蜀的强盛国力，另一方面则反映了蜀国试图跻身于中原大国之列，参与诸侯聘享盟会的战略意图。

公元前316年秦灭蜀，古蜀政治史随之结束，古蜀文明的相对独立发展进程也随之阻断，逐步汇入中国文明的一体化大潮之中。古蜀王国虽已灭亡，然而古蜀文明的一些基本因素并没有一同消亡，而是一方面与秦汉文化迅速融合，一方面仍在持续发展演变，开始了统一王朝下地域文化的整合与重组，成为后来巴蜀文化传统的重要根源之一。

二、古蜀经济文化的特点

《荀子》曾说："昔者江出于岷山，其始出也，其源可以滥觞。"[5]在先秦时期，以成都平原为核心的古蜀文化曾以强劲的辐射力和凝聚力，凝聚了中国西南地区尤其长江上游的各种民族，整合了四川盆地内外各个民族的政治力量，进而实现了从区域一体化到一统化的发展，从而造成了古蜀地区经济开发的良好环境和发展空间，推动了区域经济的发展和社会进步。其中最重要的历史价值在于，这样一种稳定的社会结构，不仅促进了成都平原和四川盆地古代文明的持续发展，而且对于西南地区中国文明基本空间范围的奠定产生了极其重要的历史作用。自秦汉直到明清，统一的中央政府无不以四川作为镇抚西

1　刘琳：《华阳国志校注》卷三《蜀志》。

2　扬雄：《蜀王本纪》。

3　顾祖禹：《读史方舆纪要》卷六六引《华阳国志》。

4　刘琳：《华阳国志校注》卷三《蜀志》。

5　王先谦：《荀子集解·子道》，北京：中华书局1997年版，第532页。

南地区的战略基地，从唐以来又是处理中央与西部各民族关系的前哨和堡垒，具有相当重要的战略地位。在统一的多民族的中华国家历史上，成都长期发挥着这种政治上的区位优势，在历朝历代都受到格外的重视。而成都这种重要的政治地位，是在先秦时期奠定并确立起来的。

古蜀地区位于黄河流域中原地区与西南各地经济文化联系的中心地带，商末周初以来，古蜀以成都为首位中心城市，一直是长江上游和西南地区最重要的经济枢纽，其辐射力在历史上一直是北越秦岭，东出三峡，南抵滇、黔，长期充当着不同区位间不同经济类型产品的贸易桥梁和枢纽。由经济区位所决定，古代成都在长江流域农业经济圈与云贵高原和青藏高原畜牧经济圈、半农半牧经济圈的互动和贸易中处于媒介和枢纽位置，在中国西部占有非常突出的、极为优越的不同经济部类之间多向贸易的中心地位。

历史上成都经济的空间形态具有外向型（辐射型）和内聚型的双重特征，同时具有枢纽型的特征。外向，是指成都经济向西南地区和长江流域辐射；内聚，是指吸引并凝聚西南各地和长江流域经济向成都集散。在经济发展的外向型和内聚型相互交织的复杂过程中，成都向来是以外向为主，如漆器、丝绸等，除大量输往西南各地外，还远销朝鲜、蒙古和东南亚地区，其经济上的外向辐射力十分强劲，辐射面也十分广阔。枢纽，是指成都位于黄河流域中原地区的经济文化向西南各地传播过程的中间地带，它的经济枢纽地位之重要是十分明显的。

古蜀地区农业开发的历史相当久远，早在四千多年以前，成都平原以及周围边缘丘陵山地就已得到初步开发。至夏商时代，蜀的农业经济不断发展，西周时代已是当时全中国农业先进的富庶之区。春秋战国之际，蜀国由于水利的大规模兴建，促进了农业的长足进展，不仅"民食鱼稻，亡凶年忧，俗不愁苦"[1]，而且富于"桑、漆、麻、纻之饶"，"其山林泽渔，园囿瓜果，四节代熟，靡不有焉"[2]。由是沃野千里，"利尽西海"[3]，以富饶著称于中华。古蜀手工业也是盛极一时，蜀锦、蜀绣、蜀布、蜀漆等产品不仅名闻天下，而且输出到遥远的蒙古草原和朝鲜半岛。

由经济外向型和内聚型双重特征所造成的成都文化，同样具有明显的凝聚与辐射相交织的双重特性，使成都的精神文化表现出几个重要特点：一是海纳百川的开放和兼容气度，二是渴求开放和走向世界的意识，三是勇于创新的精神。由这几个特点所决定，吃苦耐劳、不畏艰险，便成为千百年来成都最鲜明、最突出的人文性格特征，而"追风""趋潮""赶时髦"也随之成为成都文化最显著的外在表现方式之一。

成都虽然位于内陆盆地，不靠海，不沿边，但历史上的对外贸易却十分发达。西北丝绸之路的大宗丝绸主要出自四川，而以成都为起点，经云南至南亚、中亚和东南亚的南方丝绸之路，则是古代中国最重要的国际交通线之一，它与从四川经贵州、两广至南海的贸易线路一道，构成南中国的对外贸易网络，

1　《汉书·地理志》。

2　刘琳：《华阳国志校注》卷三《蜀志》。

3　刘向辑录：《战国策·赵策一》，上海：上海古籍出版社 1998 年版。

对繁荣南中国的经济文化起到了重要的作用。历史上成都人民以大无畏的气概和惊人的毅力，突破了成都平原为丘陵和高山所重重环绕的半封闭地理状态，变地理劣势为外贸优势，取得了一个又一个的文明进步，如此历史经验后人实应总结和汲取。

三、古蜀文明在先秦史上的位置

以成都平原为中心的古蜀地区是中华文明的重要起源地和组成部分之一，是长江上游的古代文明中心，不论在中国文明的缔造还是中国西部开发史上都产生了积极而重要的作用。

中国古代文明是由各大区系古文明多元整合、一体发展凝成的，古蜀是其中的一个重要区系，有其悠久的始源、独特的文化模式和文明类型，在中国古代文明的起源和形成过程中占有特殊地位，是中国早期区系文明中具有显著地域政治特征和鲜明地域文化特色的典型代表。

（一）中国古史传说的西部底层

"底层"这个理念，始源于韦斯登·拉巴（Weston La Barre）的一篇研究美洲印第安人巫教与幻觉剂的论文[1]，意思是说美洲印第安人的宗教一般都保存着他们的祖先在进入新大陆时从其亚洲老家所带来的旧石器时代和中石器时代底层的特征。后来，彼得·佛斯特（Peter T. Furst）进一步发展了这一理念，用以论证"亚美巫教底层"。[2] 张光直先生又运用了这一理念，来继续论证"中国—玛雅连续体"，从而提出"中国古代文明的环太平洋的底层"。[3] 尽管目前对于"底层"这个术语及其理念还有不同认识，但借用它来分析不同区域的共同文化积淀是会有所助益的。

所谓文化底层，是指存在于不同区域中一种或数种来源相同、年代古远，并在各自文化序列中处于底层或带有底层特征的共同文化因素。从这个意义上说，文化底层应当具有三层含义：第一，来源于一个共同的文化祖源。第二，积淀为各地区文化序列的底层。所谓底层，是相对于文化序列的发展演变而言。第三，在各地区文化的发展演变中，底层特征恒久不变地保留并贯穿于各个发展序列，长期而持续地发挥着它特殊的重要作用。

从文化史研究的角度出发，我们认为文化底层还可以进一步区分出原生底层和次生底层。原生底层是指同一文化祖源在不同地区的原生分布；次生底层是指不同文化区域认同另一种分布广远、历史悠久

1　Weston La Barre, "Hallucinogens and the shamanic origins of religion," in *Flesh of the Gods*, ed. P. T. Furst (New York, 1972), pp. 26-278.

2　Peter T.Furst, "Shamanistic survivals in Mesoamerican Religion, "*Actas del XII Congess Internacional de Americanistas* 3(Mexico 1976): 149-157.

3　张光直：《中国古代文明的环太平洋的底层》，载《中国考古学论文集》，北京：生活·读书·新知三联书店1999年版，第 357-369 页。

的文化特质作为自身文化的底层或底层的一个组成部分。原生底层不是文化传播，也不是文化移植。次生底层虽然包含有文化传播，但又不等于文化传播。文化传播的特征是把开端作为终端，次生底层的特征则是把终端作为开端，它是文化底层的复杂转化，而不是文化因素的简单叠加。

仔细考察中国古史传说，我们可以发现它有极为深厚的文化底层，而且中国古史传说的深厚底层主要来源于以黄帝为首的"五帝"和夏禹，其中的西部底层特征表现得尤为明显，而西部文化底层恰恰与长江上游古蜀文化有着不可分割的血肉关系。对这个问题进行深入分析，不仅可以使我们更加深刻地认识中国西部地区古代文明的重要性，而且还能更加清楚地看出中国古史传说的构成格局。

大量历史文献材料证明，黄帝为其子昌意娶蜀山氏之女、生子高阳是可靠的古代史传。昌意与蜀山氏之子高阳长大后，东进中原，建都帝丘（今河南濮阳）[1]，又"封其支庶于蜀"[2]，子孙中的一支仍留蜀地。从考古学上看，岷江上游地区仰韶文化彩陶与马家窑文化彩陶以及成都平原宝墩文化陶器共生的考古现象[3]，确切证实了这一古史传说的真实性。从这一基本史实出发来看，中原和古蜀均为黄帝后代，两地文献均从古相传黄帝与古蜀的亲缘关系，都把各自最古文化的起源追溯到黄帝与嫘祖、昌意与蜀山氏和帝颛顼，这正是表现了两地共同的文化底层。或者说，由于中原和古蜀保有深厚的黄帝文化底层，才使黄帝与古蜀的这种亲缘关系在两地众口相传，流传千古。如果没有这种深厚的底层，就绝不会在不同的两个地区留下如此相同的传说。

根据《左传》《国语》《史记》等文献的记载，黄帝娶嫘祖后，由西东进中原，阪泉一战战胜炎帝，涿鹿一战擒杀蚩尤，成为首先初步统一中国西部、中部和东部部落的一代酋豪，在中原和东方留下了深厚的黄帝文化底层。尔后，在战争与和平的交流途径中，黄帝文化继续东进南下黄河流域和长江流域各地，深刻地浸透到这些原来的异质文化区，积淀下来，并与各地原来的文化相结合，由此便引起并促成了这些地区原先文化底层的逐步转化。这样，黄河流域和长江流域都受到了黄帝文化的浸染，因而各地文化均有一些相同或相近的特质，这些共同文化特质在各地积淀下来后，最终成为中国东西南北中最深厚的文化底层，这种文化底层也就构成了中国文明多元一体发展的牢固基石。黄帝之后大约两千多年，当司马迁"西至空桐，北过涿鹿，东渐于海，南浮江淮"时，所到之地，"长老皆各往往称黄帝、尧、舜之处，风教固殊焉，总之不离古文者近是"[4]，各地风俗教化虽不相同，但却往往称黄帝。这一现象，其实正是东西南北中各地黄帝文化底层的表现。过去有的史家不明白这个道理，反而说是各地强拉黄帝为祖先，自然是犯了以偏概全的错误。

1　《左传·昭公十七年》。

2　刘琳：《华阳国志校注》卷《蜀志》。

3　蒋成、陈剑：《岷江上游考古新发现述析》，《中华文化论坛》2001 年第 3 期。成都市文物考古研究所：《四川茂县营盘山遗址试掘报告》，《成都考古发现（2000）》，北京：科学出版社 2002 年版。王鲁茂、黄家祥：《四川姜维城遗址》，《中国文物报》2000 年 11 月 26 日。

4　《史记·五帝本纪》。

除黄帝、昌意与蜀山氏的关系而外，大禹兴于西羌之说同样始于先秦，禹生石纽的传说反映着古代的历史实际[1]，这些都是出自古代羌人的传说。禹兴西羌和禹生石纽，实际上是同一个传说中的大概念和小概念的关系。西羌既指族系，又指西羌的分布地域，是大概念，石纽则指西羌居住地域内的一个具体地点，是小概念。《华阳国志》记载岷江上游广柔县境为大禹圣地，"夷人营其地，方百里不敢居牧。有过，逃其野中，不敢追，云畏禹神，能藏三年，为人所得，则共原之，云禹神灵佑之"[2]。《水经·沫水注》也说："（广柔县）有石纽乡，禹所生也。今夷人共营之，地方百里，不敢居牧。有罪逃野，捕之者不逼，能藏三年，不为人得，则共原之，言大禹神所佑之也。"文中的夷人是对少数民族的泛称，这里则指岷江上游的氐羌族群。岷江上游氐羌族群对禹顶礼膜拜，奉为神明，这种对禹崇拜敬畏达于极致的现象，除这个地区外，是中国其他地区所没有的。由此不难知道，岷江上游确乎同禹具有民族和文化上的深厚的渊源关系。而岷江上游古为羌人居域，因此显而易见，禹兴西羌是岷江上游羌人的传说。

虽然，古羌人南下从遥远的古代就已开始，比大禹时代更加久远的马家窑文化已经南下进入岷江上游，但没有任何证据能够指认禹兴西羌的传说是由甘青地区的马家窑文化南下带来的。从众多史籍关于禹生石纽的一致记载来看，只有把禹的出生地放在四川西北的岷江上游，才是符合历史实际的。唯因如此，禹生石纽的传说才可能在古蜀之地长期保留下来。及禹长后，东进中原，创立夏王朝，随禹东进的羌人也就转化为夏王朝的主体民族。于是，禹兴西羌、禹生石纽的传说，也随东进开创夏王朝的羌人之定居中原而在中原长期保留下来。所以，蜀地和中原都保留了相同的传说。文献来源的地域不同，传说却完全一致，恰恰说明它既是"真传说"[3]，又是真史实，而原因就在于它们同出一源的文化底层。

从所有关于禹生石纽和禹子启生于石的文献记载来看，禹、启与石的这种出生关系，在全中国范围内只被指认为两个地区，一个是古蜀岷江上游地区，一个是中原河南嵩山地区。其他地区关于禹的传说，比如禹娶涂山、禹合诸侯等，均与禹的出生传说无关。这就十分清楚地说明，大禹与石这种特殊的出生关系传说，乃是古蜀和中原地区同出一源的共同文化因素，是古蜀和中原文化最深厚的底层。

黄帝为其子昌意娶蜀山氏女，生子高阳，高阳东进中原建都立业，和禹生石纽，东进中原开创夏王朝，这两段远古传说的文化史意义，并不仅仅在于可以据此确定帝颛顼和大禹两位中国古史上的著名人物均出生在古蜀地区，更重要的是，透过这些古史传说，可以看出黄帝、帝颛顼文化和大禹文化西兴东渐的历史，看出中国古史传说中所蕴含的丰富而深厚的西部文化底层。从黄帝、嫘祖、昌意、帝颛顼时期中国西部、古蜀地区同中原地区的关系，到大禹时期古蜀与中原的关系，可以看出中国古史的西部底层是经过了不同的历史时期，层累地积淀起来的，它们便是中国西部文化的原生底层。这一原生底层在中国历史上自始至终发生着极为重要的作用，以致成为中华文化和华夏文明最重要的标志和里程碑。

1　李学勤：《禹生石纽说的历史背景》，载《大禹与夏文化研究》，成都：巴蜀书社 1993 年版。

2　《续汉书·郡国志》"蜀郡广柔县"下刘昭注引，今本佚此段文字。

3　顾颉刚：《论巴蜀与中原的关系》，成都：四川人民出版社 1981 年版，第 37 页。

正因为古蜀在中国古史的原生文化底层中具有如此重要的地位，所以我们不能不说，古蜀地区是中华文明重要的起源地之一，对中华古文明的缔造做出了不可磨灭的贡献。

（二）古蜀文明与中国青铜时代

先秦时代的古蜀，是拥有灿烂青铜文化、大型城市和文字高度发展的古代文明，由古蜀文明所深刻揭示出来的独特文化模式、文明类型和悠久始源，表现出古蜀文明与中原文明平行发展的事实。这使它在中国文明起源与形成的研究中占有特殊地位，它不但大大丰富了"中国文明多元一体形成发展"论断的理论内涵，取得了各学科学者的普遍认同，而且在国际学术界和社会各界获得了高度的评价和越来越高的声誉。

中国青铜时代的要素是青铜器、文字、城市、礼制，分别标志社会生产力、组织管理、政权机制及社会分层的发展进化程度。从这几个方面加以认识，可以看出古蜀与中原文化在起源和发展途径方面的异同，从而更深刻地理解中国文明的多元一体格局。

古蜀文化的青铜合金术，据迄今为止的考古资料，在公元前2000年中后期，即相当于中原殷墟文化的时期，已进入成熟的发展阶段。与同一时期中原文化相比，古蜀不论在青铜合金技术、青铜器形制还是青铜器组合等方面都自成体系，具有十分鲜明的地域特色，有着自身青铜文化的发展演变序列和进程。虽然如此，古蜀青铜文化也受中原青铜文化的明显影响，而且有许多礼器本身就直接仿制中原青铜器。同时，在中原的青铜器中也可见到古蜀青铜器的一些形制。这种情况，显示了古蜀与中原文化的交流互动关系。

在经济文化进步的基础上，古蜀人发明创制了自己的文字系统，学术界称之为"巴蜀文字"。巴蜀文字是先秦至西汉前期分布在巴蜀地区（今四川、重庆以及湖北西部、湖南西部、贵州西部和云南东北部，以今四川盆地为中心）的巴人和蜀人所通行的文字系统。公元前316年秦并巴蜀以后，推行统一文字的政策，到汉武帝时期，巴蜀文字作为一个有别于中原文字的独立的古文字系统，从此消亡不存。

巴蜀古文字是我国现存先秦古文字中除汉字外唯一可以确定为文字且尚未被释读的古文字系统。[1] 巴蜀古文字分为两系，一为巴蜀表意文字，一为巴蜀表形文字。巴蜀表意文字在字体上已达到简化、省略、定型、单位小的水平；巴蜀表形文字分为巴蜀符号Ⅰ和巴蜀符号Ⅱ两类，两类均包括一系列独体单符（独体字）和由独体单符组成的复合符号（合体字），字形基本定型。巴蜀文字最初起源于蜀，后来传播川东和湘西，成为巴蜀地区通行的文字。[2] 徐中舒教授认为，巴蜀文字与汉语古文字均属象形文字，巴蜀文字与汉字在文字构成条例上具有一定的共同基础，但它们的分枝，则应当是远在殷商以前。[3]

1　李学勤：《论新都出土的蜀国青铜器》，《文物》1982年第1期。

2　段渝：《巴蜀古文字的两系及其起源》，《成都文物》1991年第3期。

3　徐中舒：《论巴蜀文化》，成都：四川人民出版社1982年版，第47页。

在城市文明方面，成都平原从距今 4500 年前就已开始了城市文明起源的历史进程，到商代，形成了三星堆蜀国王都和早期成都，构成了古蜀的早期城市体系。到两周时期，古蜀以成都为中心，形成了辐射面达到成都平原周边地区的城市网络体系，其中若干新兴城市的功能主要同成都平原农业经济、城市手工业经济与盆周山区畜牧业或半农半牧业经济的交流有关，或与南丝路国际贸易有关。[1] 尽管成都平原城市的起源模式、网络特点以至结构功能等方面，与中原城市区别甚大，但古蜀城市起源、形成和发展的步伐却与中原城市大体一致。这显然是受到某种共同因素的制约，其中最主要的是黄河流域和长江流域政治经济形势的连锁演变，使城市在发展过程中出现若干趋同的促动因素，从而成为中国古代城市演变的共同基础。

固然，古蜀文明的诸要素，从总体上说来是独立产生发展起来的，是组成中国文明的若干个区域文明之一，并非中原文明的分支和亚型。然而由于历史的、地理的、民族的、文化的各种因素，以及源远流长而未曾间断的各种深厚关系，古蜀文明同中原文明之间却存在着深刻的相互影响和文化渗透。尤其当中原核心形成后，古蜀文明越来越多地吸收融入了中原文明的因素，越来越多地产生文化认同和文化交融，最终融入以中原为核心的中国文明之中，这实属历史发展的必然。

（三）南方丝绸之路：以成都为起点的西南国际交通线

古蜀文明以其悠久雄厚的文化为基础，深刻地影响了其周边地区的文化，促进了其周边地区文化的发展。南方丝绸之路是古蜀文明向外传播与辐射的最重要的通道之一，南方丝绸之路上诸青铜文化中包含的众多古蜀文明因素，清晰地勾勒出它们与古蜀文明的联系，也凸现出古蜀文明在中国西南地区青铜文化中的"文化高地"地位。

丝绸之路这一名称，是德国地理学家李希霍芬（F. Von. Richthofen）1877 年提出来的，指以丝绸为主要贸易内容的东西方商路和交通路线。古代中国通往西方和海外的丝绸之路有四条：南方丝绸之路、北方丝绸之路、草原丝绸之路和海上丝绸之路。古蜀丝绸曾是这几条通道上的重要商品。古蜀成都丝绸传播到西方，先秦时期的主要通道是南方丝绸之路，汉代及其后从北方丝绸之路输往西方的丝绸中，也以成都丝绸为大宗，而从草原丝绸之路输往北亚的中国丝织品中，目前所见最早的似乎也是成都丝绸。由于在这些商道上流通的各类商品中丝绸最为珍贵，最为众人瞩目，所以这些交通路线都被冠以"丝绸之路"的美称，"丝绸之路"也因此成为从中国出发纵贯欧亚大陆的国际交通线的代名词。

先秦时期，从四川经云南西出中国至缅甸、印度的国际交通线已初步开通。以成都平原为中心，翻越横断山区、云贵高原的崇山峻岭，古代的商贾们将以丝绸为代表的众多商品输送到缅甸、印度、阿富汗，再继续西传至中亚、西亚。其实，商业活动只是人们在这条通道上的活动之一，古代四川、云南与南亚、中亚、西亚的文化交流和互动，都是经过这条道路进行的。由于这条古老的国际交通线位于中国的南方，

1　段渝：《巴蜀古代城市的起源、结构和网络体系》，《历史研究》1993 年第 1 期。

所以被学术界称为"南方丝绸之路"。

南方丝绸之路以成都平原为初始点和发源地,有其客观的条件与原因。正如苏秉琦先生在《中国文明起源新探》中论述的那样:"四川的古文化与汉中、关中、江汉以至南亚次大陆都有关系,就中国与南亚的关系看,四川可以说是'龙头'。"[1]正是四川古代文化的"龙头"地位决定了古蜀地区成为南方丝绸之路的源头。

南方丝绸之路国内段的起点为古蜀文化的中心——成都,从成都向南分为东西两条主道。西道沿着川西北和川西南山地蜿蜒南下,经过今邛崃、雅安、荥经、汉源、越西、喜德、泸沽、西昌、德昌、会理、攀枝花、大姚、姚安、西折至大理,这条道被称为零关道(东汉时又称牦牛道)。东道从成都南行,经今乐山、峨眉、犍为、宜宾,再沿五尺道经今大关、昭通、曲靖,西折经昆明、楚雄,进抵大理。东西两道在大理汇合后,继续西行,称为博南道。经保山、腾冲,出德宏抵缅甸八莫,或从保山出瑞丽而抵八莫。南方丝绸之路的这两条要道之间还有一些支线,如经宜宾、雷波、美姑、昭觉到西昌的支线和从西昌经盐源、宁蒗、丽江、剑川而抵大理的支线。南方丝绸之路还有更东的一条南下路线,即经今贵州西北,沿牂牁江(西江)水路直达"番禺"(今广州),这条线路被称为牂牁道。

南方丝绸之路是中国古代的国际通道,它的国外段有西路、中路和东路三条。西路即历史上有名的"蜀身毒道",今称"蜀滇缅印道",出云南经缅甸八莫、东印度、北印度、西北印度、巴基斯坦,至中亚阿富汗,从伊朗北入土耳其安纳托利亚高原,转至小亚细亚以至东地中海。这条纵贯亚洲的交通线,是古代欧亚大陆线路最长、历史最悠久的国际交通大动脉之一。中路是一条水陆相间的交通线,水陆分程的起点为云南步头,先由陆路从蜀滇之间的五尺道至昆明、晋宁,再从晋宁至步头,利用红河下航越南,这条线路是沟通蜀、滇与中南半岛的最古老的一条水路。东路,从蜀入滇,至昆明,经弥勒,渡南盘江,经文山,出云南东南隅,经河江、宣光,循盘龙江抵河内。

纵观整个南丝路,在国内形成了我国西南及南方地区的巨大交通网络,在国外则与中南半岛、南亚次大陆、中亚、西亚连成一个更大的世界性交通网络。

李学勤先生指出,丝绸之路的研究非常重要,是今天非常有影响的一门学科,这门学科就是欧亚学,把欧亚大陆作为一个整体来研究,是人文学科里最前沿的国际性学科。他还指出,应该把整个欧亚作为整体来看,而历史上连接欧亚的就是几条丝绸之路,在"这几条丝绸之路里面,最值得进一步研究的是西南丝绸之路"。[2]

南方丝绸之路是将中华文明与世界文明紧密联系起来的国际交通线,也是欧亚古代文明相互联系的纽带。通过南方丝绸之路这一巨大纽带,古蜀文明与世界古代文明联系起来,互动交流,由此奠定了古

---

1 苏秉琦:《中国文明起源新探》,北京:生活·读书·新知三联书店1999年版,第85页。

2 李学勤:《三星堆文化与西南丝绸之路》,《文明》2007年第7期。

蜀文明在世界古代文明中的重要地位。

南方丝绸之路从成都出发，纵贯了川西北、川西南山地，横断山区和云贵高原，这一广袤的地区自古便是中国南北民族的迁徙通道，也是中国南北文化的重要交流孔道之一。早在新石器时代，中国南北文化的交流在这一地区就已初见端倪。到了春秋战国时期，分布在南方丝绸之路沿线的各文化都陆续进入青铜时代，并发展出灿烂多姿的各类青铜文化。其中以三星堆、金沙青铜文化为代表的古蜀文化，发展水平最高，时间最早，形成了西南地区的"文化高地"，古蜀文明自然成为西南地区各青铜文化的"龙头"，对西南地区众青铜文化产生了重要的影响。与此同时，西南地区各青铜文化也保持着自身鲜明的文化特征，共同构成了丰富多彩的中国西南青铜文化。

南方丝绸之路以成都为起点，从古蜀文化区发源，穿越了西南地区的其他文化区。迄今为止的考古资料和研究成果表明，西南地区各种青铜文化大多形成于春秋战国时代，在战国末至西汉时期达到了鼎盛时期，而其文化则多与其北面的古蜀文化有着深刻的联系。

考古资料揭示，在中国西南地区的各种青铜文化中，存在着以三星堆和金沙为代表的古蜀文化因素的历时性辐射所带来的程度不同的影响。通过对这些文化因素的来源和传播途径的分析，可以看到古蜀青铜文化在西南地区的辐射、凝聚、传承和创新。由此可以进一步探索先秦时期中国西南广大地区青铜文化的来源、影响、传播、互动等整合过程，探索以青铜文化为表征的西南各族的社会结构、政治制度，以及族群和族群之间的关系，探索西南各族的经济技术水平和文明演进程度。并通过研究战国秦汉时期蜀地对西南地区诸青铜文化的影响所引起的西南各族文化的深刻变迁，探索秦汉时期中央王朝通过蜀地将西南地区诸青铜文化整合进中国文化圈的过程，而这一过程正是中国文明多元一体历史发展格局在西南地区的具体表现。

本文刊于《社会科学战线》2011 年第 1 期，

经作者授权收入本书。

《蜀王本纪》与考古发现

林 向

四川大学历史文化学院考古系教授

  《蜀王本纪》是两汉三国间蜀地学者整理和改写的古蜀国传说的辑本。参加过整理改写的学者甚多，据《华阳国志·序志》记载："司马相如、严君平（遵）、扬子云（雄）、阳成子玄（子张）、郑伯邑（廑）、尹彭城（贡）、谯常侍（周）、任给事（熙）等各集传记，以作《本纪》。"但这七八家所集记的"蜀本纪"，除题为扬雄所撰《蜀王本纪》外均散佚无考。这见于《隋书·经籍志》、新旧《唐书》等著录的《蜀王本记》一卷，是晋以后人从《华阳国志·蜀志》等书所采录的部分内容抄录补缀而成的，加题为扬雄所撰的《蜀王本纪》。唐宋后又佚散，到明清有郑朴、洪颐煊、王仁俊等学者从《艺文类聚》《太平御览》等类书，以及《史记》《汉书》《后汉书》《文选》等的注家的引用中辑出，文字互异。清人严可均的《全汉文》参合互见、稍加整理的扬雄《蜀王本纪》是目前可用的本子。此外只有常璩在《华阳国志·蜀志》中保存的古蜀史料，这两者是我们认识和诠释地下出土的古蜀历史信息的宝贵钥匙，是后世了解古蜀的门槛石。

  我们知道历史文献离不开考古发现的证明和补充，考古发现离不开历史文献的指引和诠释。归根结底考古发现的是保存在地下的、物化的、历史的片段，需要文献记载的诠释，否则难以说清楚。同理，《蜀王本纪》同样需要考古发现来证明与补充，因为它所载的蜀国世系是汉以后的人采撷前人口耳相传的古史传说，那么它只可能是历史的投影，并非信史，不可过分穿凿。但有的学者认为"对待古史传说不能太理性"，我们认为此说值得商榷。历史学者尊重民间对"自我的过去"的缅怀感情，所以有些名胜古迹在史实上不必深究，是可以理解的。但是若要推而广之，认为研究历史时采用古史传说，也"不能太理性了"，则有问题了。例如你能相信《蜀王本纪》所载"从开明以上至蚕丛积三万四千岁"，是信史吗？你能相信"此三代各数百岁，皆神化不死，其民亦颇随王化去"，是信史吗？你能不加分析辩证地采用"武都丈夫化为女子，颜色美好，盖山之精也，蜀王娶以为妻"等入史吗？古人云"尽信书不如无书"，信然。

  我们不排斥古代传说，因为它是一种先民表述历史信息的话语权，理论上讲它与后代学者表述历史信息的话语权，具有同等的意义。传说不同于民间故事，它是有更多的历史事实为依据的。古代的先民们还没有掌握文字，他们只能靠"传说"这样的"口述史"来实现历史的记忆与传播，所以"传说"就必定是不稳定的、可变异的。传说经过后代人们的研究加工，用文字记载下来，就可能成为人们有共识的、相对稳定的"历史"了。但是，传说与历史有三点不同：

　　（1）传说的幻想、夸张、虚构成分很多；

　　（2）传说可以将若干人的事件综合、集中到一个人身上；

　　（3）传说可以将不同时代、不同地域发生的事件黏合在一个时空里，甚至随时代而层层叠加。

　　而这些都是编写历史时最忌讳的，因此有学者说"传说是对过去的虚构"，这是有一定道理的。

　　我们历史工作者的任务不是一般地用感情去缅怀过去，而是要理性地提取那些尽可能接近真实的历史信息。这就必须对古史传说进行合情合理的科学分析，即使是对待那些早期的、朴素的、经过学者整理的古史传说，也需要做理性的"去伪存真"的历史考证工作，才能入史。这就是我们对待《蜀王本纪》的态度。

　　如果我们也同意"历史正以此证明自己是一门人类学：历史是上千年的和集体的记忆的明证"，那么我们不妨把《蜀王本纪》《华阳国志》等记载的蜀王世系的传说，看作是对社会历史发展程度"顺序"的一种"记忆和传播"，它是有历史事实为依据的，但它有"虚构夸张的""把许多人和事集中在一个人身上""有后代叠加"的成分，所以不可能是有什么准确起讫年份的"三代"或"五代"蜀王的王朝史，而只是反映古蜀文明化发展进程和特征，"仙化"传说只是某种历史兴废事实的折射。如果这样认识，那么有历史价值是肯定的。试申其说。

一

　　我们先来看《蜀王本纪》中有关"蚕丛"的事迹。据严可均校辑的《全汉文》卷五十一文载："蜀之先称王者，有蚕丛、柏濩、鱼凫、开明。是时人萌（民）椎髻左衽（按：似以'左言'为确），不晓文字（按：不晓中原的甲、金、篆文，先秦巴蜀有自己的文字符号，至今未被释读耳），未有礼乐（按：与周礼等中原礼乐不同）。从开明以上至蚕丛，积三万四千岁。"

　　常璩《华阳国志·蜀志》删了他认为的"怪异子所不言"者，还比今本《蜀王本纪》多说了几句："有蜀侯蚕丛，其目纵，始称王。死作石棺石椁，国人从之，故俗以为石棺椁为纵目人冢也。"

　　《古文苑·蜀都赋》章樵注引《先蜀记》说："蚕丛始居岷山石室中。"从"居石室""葬石棺""始称王"等数语的提示，我们只能说蚕丛氏还处在岷江上游河谷地区，社会历史的发展程度只可能相当于进入氏族社会之末的部落联盟阶段。

　　"蚕丛"的考古发现迄今不清楚。但从二十世纪三四十年代以来在岷江上游今名"蚕陵山"一带的岷江河谷两岸山麓上，考古发现了大批石棺葬，似乎可作为这一带确曾有过"蚕丛石棺椁"习尚的证据。但已知的石棺年代大都在东周时期，少数可到西周时期，似乎与古老的蚕丛传说难以匹配。当然也有学者把岷江上游的石棺葬文化分为九期，认为"（茂县）撮箕山发掘清理的一期墓"，"其年代似应早至新石器时代晚期"。

可惜的是1984年撮箕山发掘的资料已散佚，无从核实。我们正焦急地等待着石棺葬文化考古的新发现早日公布。

二

我们再来看《蜀王本纪》中有关"鱼凫"的记载："蜀王之先称名蚕丛，后代曰柏濩，后者名鱼凫，此三代各数百岁，皆神化不死，其民亦颇随王化去。鱼凫田于湔山得仙，今庙祀于湔。"可见记述的是先秦巴蜀地区掺杂了神话成分的传说，还夹杂了秦汉的神仙之说。有关"鱼凫"的最早文字，就这么寥寥数语，但经过唐代大诗人李白的名篇《蜀道难》"蚕丛及鱼凫，开国何茫然"的文学描写，顿使"鱼凫"作为蜀王的一代而名扬海内。

铜大鸟头

《华阳国志·蜀志》沿袭《蜀王本纪》，没有提供更多"鱼凫"的史料。就这条材料来分析，关键有二：

（1）"湔山"应近"湔水"，学者一般认为即在今都江堰境内。说明"鱼凫"已从岷江上游南迁到成都平原的边缘了。

（2）"田"字有两说。"田"可作耕种讲，通"佃"；"田"又作打猎讲，通"畋"。

学者一般对此条记载"鱼凫王田于湔山"的"田"，都倾向于田猎说，判定"鱼凫"还处于渔猎时代。其实经过推敲，是不能排斥耕种说的。"湔山"已在成都平原的边缘，这种背山面水的环境正有利于发展原始农业，因而原本以渔猎为生的"鱼凫"部族来到成都平原，逐渐发展农业是完全可能的。《蜀王本纪》还明确地记载鱼凫王"仙（死）去"时，"蜀人思之，为立祠"，祠者庙也，能建庙祭祀更可以作为农业定居的重要证据。

因此可以认为"鱼凫之世"是由岷江上游迁入成都平原发展农业定居，逐渐形成有设防的聚落，建立"早期国家"，或称"酋邦"的时代。成都平原上龙山时代的"宝墩文化"古城群，有可能为其遗存，这是顺理成章的事。从这个意义上讲，笔者以为温江万春镇鱼凫村的"鱼凫古城"比起广汉"三星堆古城"来，更像是"鱼凫之世"的遗存。至于温江寿安乡的"鱼凫王墓"，则本是东汉砖室墓，是被民间讹传的，故不在论例。当然，万春的"鱼凫城"，因为缺乏记载，不能肯定是"鱼凫"所筑。

关于"鱼凫城"的文献记载最早出现在南宋。郫县人孙松涛，字岩老，绍兴五年（1135）进士，曾为汉嘉守（今雅安境），大概在此游历后写了一首《观古鱼凫城》，诗曰："野寺依修竹，鱼凫迹半存。高城为野垄，故国霭荒村。古意凭谁问，行人谩苦论。眼前兴废事，烟水又黄昏。"（《成都文类》卷二）可见孙松涛是在已成为"野垄"的古城墙遗迹下凭吊后发出的感叹。也可知到了宋代时当地能知道这"高城"来龙去脉的人已经很难找了，因此只可证明它在宋代是一座废弃的古城，只能是故老相传"鱼凫迹半存"的"鱼凫古城"的名胜古迹罢了。

但是，1996年的考古发掘证明了温江万春镇鱼凫村的"鱼凫古城"遗址是一座早于三星堆古城的古城。我们可从陶器排队分析得出其历史发展的年代顺序。鱼凫村遗址的早期（第二期），是鱼凫城的使用年代，属于新石器晚期龙山时代，与三星堆遗址的第一期文化年代相当，当时还没有建造三星堆古城。鱼凫村遗址的晚期（第三期）是鱼凫城废弃的年代，它介于三星堆遗址的第一、二期之间，而三星堆古城是从三星堆遗址的第二期开始建造的。可见考古发现证明"鱼凫古城"早于并与"三星堆古城"先后衔接。

"鱼凫"古城遗址

再进一步来讨论考古发现的有关"鱼凫"的图像。我们知道，"鱼"和"凫"本是两种水上习见的动物。凫即野鸭，常与水中的鱼在一起，构成一幅人们习见的水上园林景观，所以"鱼凫"常被联称。例如《畿辅通志》卷九十四载：京东永平府一带地方，"凡陂塘淀泽俱可种菱藕，蓄养鱼凫，其利尤溥"。《江南通志》卷十七载："溉河……入于淮，有鱼凫菱芡之利。"至于诗人所咏的鱼、凫也只是两种与水有关的动物，例如元代有王逢的诗句："菑田连沮洳，鲛室乱鱼凫。"虞集的诗句："太液雨余波浪动，龙舟初试散鱼凫。"明代顾清的诗句："水心云月间相映，陂里鱼凫各有依。"（见《佩文韵府》引）古人在整理古史传说时，可能对先民传说做了意译，也是情理中的事。先民传说中因经济文化类型的不同，对某些赖以为生的事物特别熟悉，于是用它来命名本部族，这似为通例，如有学者曾考证，西南彝族内部有鹰、蛙、蛇、羊等部族，傈僳族内部有鱼、蛇、熊、猴、马、牛等氏族。那么，古蜀人中的某些渔猎部族以其熟悉而赖以为生的动物如"鱼"和"凫"来命名氏族，并赋予其神圣性，又在氏族部落的融合中，把"鱼"与"凫"两个氏族部落的名号复合起来，形成蜀王"鱼凫"的名号，是完全可能，也是不难理解的。

因此，在还不能释读巴蜀文字的情况下，要考察"鱼凫氏"的存在，地下出土图像的重要性就显示出来了，"鱼"和"鸟（即凫的表征）"既为两种习见在一起的动物，在文物图像中寻找它们在一起的踪迹就成为当务之急。这里说的图像与纹饰同义，我们认为它必须是"具有象征意义的图像或图形文字"，而"不是毫无象征意义的纯美术作品，并含有相当复杂的深层含意的象征符号"，而且"纹饰主要用于宗教性的场合"。所幸的是我们不仅在三星堆、金沙遗址可以找到大量"鸟"的图像和象征"鱼"的龙、蛇图像，而且找到了这种象征鸟和鱼结合在一起的"鱼凫"图像纹饰的例证。

三星堆文化遗址

1986 年夏，在三星堆遗址考古发掘现场，当我第一眼看到一号祭祀坑出土的金杖上的纹饰图像时，曾脱口而出："这不是鱼（鱼图像）、凫（鸟图像）、王（人头图像）吗？"现在看来现场的第一印象还是很宝贵的。当然那还只是一种假设，有待论证，但并无凿空之嫌，所以就有学者引用，认为"林向先生的解释尤为确切"。并进一步对古蜀部族对"人头"及"鱼"和"鸟"两种动物的神性崇拜做了论证。不过，该学者由此推论出三星堆古城即鱼凫王都的结论，则与我的原意有所不同，这里谨申鄙见。

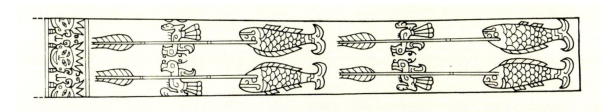

金杖纹饰

金杖是蜀王兼祭司的权杖，也是法杖，金杖上的图像表现的应该是蜀国过去的一段历史，后代蜀王祭司是要借助先王之神灵作为符号来巩固自己的权威，所以它不一定就是本王自己的徽记。

无独有偶，不久之后，2001 年成都金沙遗址出土了与三星堆金杖有极其相似图像纹饰的"金射鱼纹带"，

金冠带

还有"金鸟首鱼纹带"，其图像纹饰都被认为与"鱼凫王"有关。因为金沙的时代比三星堆晚，所以其图像纹饰显得更为抽象。更值得注意的是，"金鸟首鱼纹带"上的鱼图像相当奇特，鱼嘴是鸟的长喙，其长度超过鱼身长度的一半。看来这图像最生动地表现了"鱼"和"鸟"两个部族已融合为一体，形成鸟首鱼身的"鱼凫"族了。三星堆与金沙出土了大量有"鱼凫王"图像的文物，地下证据确凿，不过它的出现只是在证明后代蜀王所用的权杖也是法杖上的神圣宗教符号。

至于图像中有射中鱼的箭，有学者以为金杖上还有一个重要图像就是将鱼和鸟贯穿起来的箭……实际上箭是一个重要的象征物，它代表着"权力"，这个说法有一定道理。但笔者另有一说，细察三星堆金杖与金沙金带的图像，箭是越过鸟身而射中鱼头的，并非直接"将鱼和鸟贯穿起来"，所以金沙金带才会命名为"金射鱼纹带"。那么，这"射箭"是否意味着鸟对鱼使用权力伤害呢？我认为它是表现在"鸟（凫）"氏族和"鱼"氏族的融合中，"鸟（凫）"氏族占主动地位，但并不是象征对"鱼"氏族的伤害，相反象征的是两者的亲密结合；就像古希腊神话中的丘比特，他用金箭射中情人的心脏，象征着由此结成连理，而不是象征着对另一方的伤害，是同样的道理。

鉴于此，笔者认为"三星堆金杖"与"金沙射鱼纹金带"可作为古蜀历史上曾经有过"鱼凫王"或"鱼凫时代"的地下出土文物证据；而另一条"金沙鸟首鱼纹金带"可作为古蜀历史上曾经有过名号叫"鱼凫"部族的地下证据。

三

再看"鱼凫"之后的"杜宇之世"。社会历史发展成熟，史料也多了。《蜀王本纪》说："后有一男子，名曰杜宇，从天堕止朱提。有一女子名利，从江源井中出，为杜宇妻。乃自立为蜀王，号望帝，治汶山下邑曰郫，化民往往复出。"关于杜宇来自何处的问题，学者历来有争议，但有一点争议不大，那就是他是个"外来户"，他不是从江源—岷江上游下来的，另有来历，只是在与江源的女子联姻后才立为蜀王的。

《华阳国志·蜀志》说得更多："后有王曰杜宇，教民务农，一号杜主。（按：由此推知此前鱼凫之世的农业还很原始。）时朱提有梁氏女利游江源，宇悦之，纳以为妃。（按：两种记载正好相反，常璩改杜宇在江源，利来自朱提，主客位颠倒，也许是基于父权意识的改动吧。）移治郫邑，或治瞿上。七国称王，杜宇称帝（按：此说与中原的时序有误），号曰望帝，更名蒲卑。自以功德高诸王，乃以褒斜为前门，熊耳、灵关为后户，玉垒、峨眉为城郭，江、潜、绵、洛为池泽，以汶山为畜牧，南中为园苑。会有水灾，其相开明决玉垒山以除水害。帝遂委以政事，法尧舜禅授之义，遂禅位于开明，帝升西山隐焉。时适二月，子鹃鸟鸣，故蜀人悲子鹃鸟鸣也。巴亦化其教而力农务（按：当时巴还在江汉平原西部的三峡地区仗盐业而雄），迄今巴、蜀民农时先祀杜主君。"

这两段记载的歧义甚多，但至少可见"杜宇之世"的社会历史发展的阶段特征是：

（1）原始农业鼎盛，已能大规模治水；

（2）确立了君主政治，有了国家机器，以统治所辖疆域中的人民；

（3）其国力渐强，经济、政治、文化的辐射力已超出成都平原乃至四川盆地了。

我们曾归纳过广汉发掘的三星堆古城（属于三星堆遗址二、三、四期，或称"三星堆文化"）所提供的历史信息："城内有大、小型不同规格的建筑物，大量精美的饮食器、漆器、玉器、礼器、乐器和陶塑艺术品等社会上层人物享用的物件；还有神巫们在祭祀后埋下的成吨的青铜神像、人像、神树和礼仪器，罕见的黄金权杖、金面具、金箔等。可见已具备文明时代的社会标志：冶金术、城邑、礼仪中心、艺术和文字符号，此城应是古蜀文明的中心城市。"

我认为在三星堆遗址发掘总报告出来以前，这是对三星堆古城考古发现全面的概括了，正待验证。当然，这样的社会历史发展水平只能与文献记载中的"杜宇之世"相匹配，是"鱼凫之世"所不能比拟的。但有一点，三星堆遗址第一期文化与宝墩文化重合，因此说三星堆遗址兼属鱼凫与杜宇两世也勉强可通，而三星堆古城属于三星堆遗址的第二、三、四期的三星堆文化，要说还是"鱼凫王朝"之遗迹就困难了，所以认为"鱼凫氏古蜀王国历三星堆遗址文化第二、三期"之说，就值得商榷了。

四

"鳖灵"为古蜀国的扩展之世，古蜀的经济、政治、文化逐渐鼎盛而戛然中落。《蜀王本纪》："鳖灵即位，号曰开明帝。"即开始了"开明之世"。而《华阳国志·蜀志》记载更多，此处不赘引，不过其所提供的历史信息很值得注意：

（1）君主已固定世袭。"始立宗庙"，"庙称青、赤、黑、黄、白（五色）帝"。（按：有了帝王谥号）

（2）有礼乐陵寝。"以酒曰醴，乐曰荆"，立大石"为墓志"。

（3）成都成为古蜀国都从此开始。"开明王自梦郭移，乃徙治成都。"

（4）扩张势力。"帝攻青衣，雄张獠僰。"

（5）与秦、巴交恶，而自取灭国。"（蜀王弟）苴侯与巴王为好，巴与蜀仇，故蜀王怒，伐苴侯，苴侯奔巴，求救于秦"，秦"从石牛道伐蜀"，"开明氏遂亡"。

这些记载明确地说明"开明之世"可以分为两段，前盛后衰。

成都的"十二桥文化"反映的正是开明的盛世，其"金沙遗址群"的宫殿与祭祀区所发现的大型宫殿建筑，成吨的象牙，无数的金、玉、铜器珍宝，不仅承袭了三星堆古蜀文明，且推进到新的高度。但随着巴人受楚人胁迫，由江汉平原峡江东部，向西进入四川盆地，带来新的文化因素（巴楚文化），与"古蜀文化"进一步融合，形成传统意义上的"巴蜀文化"。1980年新都晒坝甲字形木椁墓中出土"邵之飤鼎"

等鼎、敦、壶、盘、匜等后战国中期巴楚文化因素，被认为是荆人鳖灵之后、开明王朝某王陵是有道理的。四川盆地各地发现的战国木椁墓和船棺葬就反映了这段历史，其中尤以成都商业街的船棺墓地为洋洋大观，可能是开明王族的陵寝。但表面的强盛已难掩盖其受秦、巴的夹击而走向灭亡的命运。

综上可知，今本《蜀王本纪》可以与最近的考古发现相印证，虽尚待进一步研究，大体总算有了一些面目。"蚕丛之世"还处于原始氏族制的部落联盟时期；"鱼凫之世"应该是开始了从"野蛮时代"（酋邦制）向"文明时代"（国家制）的过渡，即处于原始社会开始向文明社会的转型期；"杜宇之世"已具备文明时代的社会标志（冶金术、城邑、礼仪中心、艺术和文字符号），三星堆应是古蜀文明的中心城市；"开明之世"为古蜀国的扩展之世，前期以十二桥遗址为代表，其社会经济、政治、文化逐渐鼎盛，后期的辉煌以船棺墓地为代表，而戛然中落，为秦所灭。可惜的是"柏濩之世"因记载阙如而不知所以，有待于进一步的发现与研究。

本文刊于《四川大学学报》（哲学社会科学版）2011 年第 5 期，

经作者授权收入本书。

三星堆——古蜀文明的来龙与去脉

彭邦本

四川大学历史文化学院教授

古老的中华文明，很早就形成了多元一体的宏大格局。位于西南地区的古蜀文明，不仅是上述巨型文明共同体的重要来源和组成部分，而且族群支系众多，地域相当辽阔。对此，《华阳国志·蜀志》曾有相当明晰的描述：

> 其地东接于巴，南接于越，北与秦分，西奄峨嶓。[1]

其范围东与巴国大致相邻于涪江流域一线，西边囊括了川西高原相当部分，北边以秦岭为秦蜀边界，南边则已抵达后世中越边境。由此可见，蜀的疆域非常辽阔，几乎占据了古代所谓"华阳"亦即秦岭以南广大地区范围的大半。[2]

不仅如此，古蜀亦是中华古代文明共同体中最具特色的区域文化之一。例如，仅在约当商周的三星堆—金沙遗址，就出土了号称世界上同期遗址中最为密集的象牙、数量最为丰富的金器和玉器。而青铜器则仅在三星堆两个"祭祀坑"中，就多达900多件。[3] 倘若对出土器物进行具体考察，其特点更为鲜明。如金沙遗址极为精美、动感十足的"太阳神鸟"金箔，已经成为中国非物质文化遗产标志。而三星堆长达143厘米的金杖，杖身纹饰包括头戴王冠的人像，和钩喙鱼鹰背负戳入鱼身之羽箭展翅飞翔的图案。据研究，戴冠者正是蜀王鱼凫氏形象，而金杖应是其王权的神圣象征。众所周知，古代中国素来以鼎为王权标志，三星堆金杖无疑与之形成鲜明对比，成为上古东亚大陆区域文明的独特景观。再以青铜器为例，商周王朝最重要的器类为鼎簋等及其组合为突出标志的礼器，这些至为神圣而成系统的重器，与三星堆铜器中最重要最具特色的组成部分——青铜人神塑像群，再度形成鲜明对比。三星堆数量众多、规格类型不一的神人造像群堪称世界级的考古发现，不仅填补了中国古代艺术史的空白，同时也充分展示了古

1　《华阳国志·蜀志》。按与此简略概述相对，《蜀志》又曾对杜宇王朝时期蜀的疆域做过基本一致但更为具体的记述："杜宇称帝，号曰望帝，更名蒲卑。自以功德高诸王。乃以褒斜为前门，熊耳、灵关为后户，玉垒、峨眉为城郭，江、潜、绵、洛为池泽；以汶山为畜牧，南中为园苑。"

2　所谓"华阳"，古代泛指以华山为主峰的秦岭以南广大地区，包括今云贵川渝四省市和陕南、陇南，以及广西西部部分地区，约当今天除西藏以外的大西南地区。

3　四川省文物考古研究所：《三星堆祭祀坑》，北京：文物出版社1999年版。下引三星堆资料均出自此书，不再注明。

蜀作为上古区域文化与中原文化不同的鲜明个性、风格。[1]

上述遗物不仅数量大，而且种类多，造型美，工艺精，为研究古蜀王国的经济、政治、文化、宗教信仰、风俗习尚等，提供了极为丰富珍贵的资料，反映了古蜀王国经济文化的发展繁荣和财富聚敛高度集中的情形。

先秦时期地域辽阔的古蜀文明如此靓丽灿烂而富有鲜明特色，人们自然会进一步追问，蜀文化及其创造主体——蜀国族群的源流，亦即古蜀文明的"来龙"和"去脉"如何呢？学界对之（尤其是后者）的探讨似乎还不多，以下谨就此做一初步的讨论。

先来看蜀国族群的来源。现存最早的蜀地文献《蜀王本纪》云：

蜀之先称王者，有蚕丛、柏濩（本或作灌）、鱼凫、蒲泽（据《文选·蜀都赋》刘注引补）、开明。是时人萌椎髻左衽，不晓文字，未有礼乐。从开明已上至蚕丛，积三万四千岁。[2]

根据这一对上古蜀史的简括，公元前316年秦举巴蜀以前，蜀地经历了蚕丛、柏濩（柏灌）、鱼凫、蒲泽（杜宇）、开明五个王朝。证诸史料，这是先秦五个大致相继王蜀的政权。但此种线性的排列，易使人忽略一个重要的史实，即先秦本是邦国林立的文明初期，在以中原为核心的大一统局面到来之前，地处西南一隅的这五个政权，实际只是蜀地的五个区域性共主，既有雄长蜀地的相继关系，复有在共主状态下长期并存之史实。《蜀王本纪》追述蜀人"椎髻左衽，不晓文字，未有礼乐"，意在表明此地与中原的文化差异；接着盛称"从开明已上至蚕丛，积三万四千岁"，更是想要强调本地历史文化独有的悠久源流，明显带有夸张口吻。但是，说蚕丛、柏灌、鱼凫、杜宇、开明族群与华夏渊源有别，则近于史实。根据《蜀王本纪》《华阳国志》等蜀地本土文献记载和传说，蚕丛、柏灌应属古蜀土著族群。如上述五朝中排序第一的蚕丛氏，文献反映是从岷江上游辗转徙居川西平原者，源自更古老的蜀山氏，在蜀地最早称王，反映其可能是最早进入文明的族群。故《华阳国志·蜀志》记载："蜀侯蚕丛，其目纵，始称王。"并且指出蚕丛氏举国实行"石棺、石椁"的葬俗。循此线索，正好在岷江上游传说与发明蚕桑业有关的"西陵氏""蜀山氏"故地的茂县、汶川、理县等地，以及川西高原其他一些地方，近世发现了大批的石棺葬，其年代从新石器时代晚期延及西汉末。不仅如此，蚕丛纵目的传说，亦因三星堆出土的三件大型纵目青铜头像初获印证。

鱼凫氏，据研究是以鸬鹚为族群神圣标志的族群，鸬鹚本为该族先民驯养以捕鱼的一种带鹰钩嘴的水禽，俗名鱼凫。文献和出土资料反映，鱼凫氏当是源于长江中游的新石器时代晚期至夏商时期的渔猎

---

1 四川盆地相邻的陕西汉中盆地城固县也出土过23件青铜人面具和25件青铜兽面具（铺首形器）（唐金裕等：《陕西省城固县出土殷商青铜器整理简报》，《考古》1980年第3期），与三星堆青铜面具风格相似，据《华阳国志》明确记载，这一带属于古蜀王国的北部疆域，故这些青铜面具本身就属于蜀文化。

2 《蜀王本纪》（传为西汉扬雄撰），〔清〕严可均《全上古三代秦汉三国六朝文》辑本，黄冈王氏木刻本。按：下引《蜀王本纪》均采用此辑本，不再注明。

民族。约当此期的湖北宜昌中堡岛、路家河和四川广汉三星堆等长江中上游遗址，所出形似鱼凫的鹰钩嘴鸟头形陶器柄等大量资料，与川渝鄂境内沿长江水系分布的大量鱼凫（鱼符、鱼复）地名，包括成都平原新石器时代晚期宝墩文化遗址温江鱼凫城，表明鱼凫族确实存在从长江中游向成都平原逐渐迁徙推进的悠久历程，[1] 这些地名和出土资料，应是其沿途居留建国的历史印记。三星堆遗址分四期，依次约当新石器时代晚期、夏代至商代前期、商代中期或略晚、商代晚期至西周早期。其中三、四期出土数量可观的鸟头形陶器柄，联系祭祀坑中金杖上的鱼凫王图像，这些带有浓烈信仰色彩的特征性器物揭示，三星堆古城曾是雄极一时的蜀地共主——鱼凫王朝的都城。三星堆城墙始建于二期地层，其文化因素与温江鱼凫城存在明晰的承继关系。而"祭祀坑"中又出土巨型蚕丛纵目神铜像，暗示在鱼凫王朝之前，这座规模宏大的古城，可能已曾是更早的邦国联盟共主蚕丛或柏灌的都邑。

其后称王的杜宇氏，因其传说中的风流韵事和失国悲剧，在古代知名度颇高。根据《蜀王本纪》，这是一个来自"朱提"亦即今云南昭通一带的族群。史载杜宇王朝时期，巴蜀农业有了历史性的长足发展，因而巴蜀地区历来把杜宇尊为农神。最后称王的开明氏，《蜀王本纪》和《华阳国志》明确记载是"荆人"，亦即同鱼凫氏一样，是来自长江中游的族群。文献反映，这一来自水乡地带的族群擅长水利，其首领鳖灵因成功地治理好了杜宇王朝末年的空前水患，受杜宇禅让而称王，建立起著名的开明王朝。成都市区举世瞩目的商业街巨型船棺葬，正是东周时期开明氏王朝特色鲜明的文化遗存。

以上是蜀文化族群中非华夏支系的大致来源。那么，蜀文化及其族群渊源与华夏的关系如何呢？一句话：关系甚深，源远流长。《史记·五帝本纪》云：

黄帝居轩辕之丘，而娶于西陵之女，是为嫘祖。嫘祖为黄帝正妃，生二子，其后皆有天下：其一曰玄嚣，是为青阳，青阳降居江水；其二曰昌意，降居若水。昌意娶蜀山氏女，曰昌仆，生高阳，高阳有圣德焉。[2]

以上文字，实出自《大戴礼记》的《五帝德》及《帝系姓》二篇，《五帝本纪》下唐代张守节《正义》明确指出："《大戴礼·帝系》出于《世本》。"[3] 可知这是先秦以来的古老传说，其中西陵氏、蜀山氏前已说明是蜀地土著，不仅与黄帝及其族群联姻，而且联姻所生育的后裔也来到蜀地定居，"青阳降居江水""昌意降居若水"。唐代司马贞的《史记索隐》明确指出：

降，下也。言帝子为诸侯，降居江水、〔若水〕。江水、若水皆在蜀，……是蜀有此二水也。

由《索隐》所引《水经》之文可知，"若水"即今雅砻江，在今攀枝花市境内汇入金沙江。而青阳所降居之"江水"，则直指今岷江上游。在晚明徐霞客实地考察之前，传世文献中之"江"或"江水"，

1　张勋燎：《古代巴人的起源及其与蜀人、僚人的关系》，《南方民族考古》第一辑，1987 年；林春：《宜昌地区长江沿岸夏商时期的一支新文化类型》，《江汉考古》1984 年 2 期。

2　《史记·五帝本纪》，北京：中华书局 1959 年版。

3　《〈世本〉茆泮林辑本·世本诸书论述》引《尚书序·正义》曰："《大戴礼·帝系》出于《世本》。"见《〈世本〉茆泮林辑本》，《世本八种》，北京：商务印书馆 1957 年版，第 3 页。

均指长江，而长江上游的正流或曰干流，古人亦均认定为岷江。正因为如此，《索隐》才径谓"蜀有此二水也"。这就说明，传说中的黄帝二子青阳、昌意所"降居"之地，就在今四川西部。众所周知，中国地理形势是西北高、东南低，所以国人历来称自北而南之行为南下，反之则曰北上。从学术角度审视上述传说，"降居"云云，所反映的史实素地，应是黄帝族群的两个亲缘支系，由北而南、自高徙低，从西北黄土高原辗转迁徙到了川西。

上述传说已得到考古学印证。如在岷江上游地区营盘山遗址、波西遗址[1]、沙乌都遗址[2]中就有反映。在这些遗址的出土资料中，既有土著文化的特征，又不同程度地存在黄河流域文化的因素。如时代最早、距今 5500—5000 年的营盘山遗址文化即以本土因素为主，但同时吸收了来自甘肃东南部的彩陶等文化因素，也受到了四川盆地北部和东部边缘地区同时期文化的影响。[3] 波西遗址出土器物文化内涵既与隔江相望的营盘山遗址有联系，又带有仰韶文化庙底沟类型晚期特征，如出土的细泥红陶弧边三角纹彩陶敛口曲腹钵与河南陕县庙底沟遗址仰韶文化的 A3 碗（H10：128）、A10g 盆（H47：42）等的风格相似，且共存的双唇式小口瓶、尖唇敛口钵等其他陶器，以及细泥红陶及其纹饰所占比例最多的特征等，均属仰韶文化庙底沟类型晚期。[4] 而仰韶文化庙底沟类型正是学界追踪的黄帝族群遗存。沙乌都遗址也紧邻营盘山遗址和波西遗址，其时代据发掘者推测为距今约 4500 年，该遗址在文化内涵上不仅与营盘山等遗址脉络相承，且与成都平原宝墩文化存在较为密切的联系。营盘山、波西和沙乌都等遗址的上述情形，颇为清晰地揭示了岷江上游地区新石器时代文化来源的多元性。其中尤其引人注目的，无疑是来自黄河流域的彩陶文化，正是它们在数千载之后，向我们提示了黄帝族群迁徙蜀地的历史信息，让传说显示出了历史本来的生动面目。

古蜀文明中来自中原的文化因素，在蜀地考古资料中还可以看到很多。其显著者如三星堆遗址出土的陶盉，明显来自二里头文化。而三星堆—金沙遗址的大量玉璋，其源头也显然在黄河流域二里头文化以至更早的龙山文化。三星堆"祭祀坑"中出土的青铜尊、罍，乃是典型的商周青铜礼器。至于三星堆遗址精美绝伦的兽面铜牌饰，类似的发现亦见于河南偃师二里头和甘肃天水，以二里头的最早，其次为天水出土者，三星堆的最晚，学者据此推测天水地区可能是连接中原与四川地区文化交流的纽带。[5]

---

1 成都市文物考古研究所等：《四川茂县波西遗址 2002 年的试掘》，载成都市文物考古研究所编《成都考古发现（2004）》，北京：科学出版社 2006 年版。

2 成都市文物考古研究所等：《四川茂县沙乌都遗址调查简报》，载成都市文物考古研究所编《成都考古发现（2004）》，北京：科学出版社 2006 年版。

3 成都市文物考古研究所等：《四川茂县营盘山遗址试掘简报》，载成都市文物考古研究所编《成都考古发现（2000）》，北京：科学出版社 2006 年版。

4 成都市文物考古研究所等：《四川茂县波西遗址 2002 年的试掘》，载成都市文物考古研究所编《成都考古发现（2004）》，北京：科学出版社 2006 年版。

5 张天恩：《天水出土的兽面铜牌饰及有关问题》，《中原文物》2002 年 1 期。

由上可知，以三星堆和金沙遗址为代表的古蜀文明，乃是由土著文化和华夏等外来文化多元融合而成的辉煌结晶，并在上古长期兴盛于大西南地区。

以上大致为三星堆古蜀文明的所谓"来龙"，那么其"去脉"，亦即这一颇具特色的区域文明的走向如何呢？下面亦略作缕析。

秦并巴蜀，一举终结了蜀地相对独立发展的历程。由于改朝换代，蜀地经历了大规模族群迁徙的持续动荡。一方面，秦把大量秦民迁徙到了蜀中，并在兼并中原列强后，又强制迁徙其富豪到蜀地，前后移民数量相当大。另一方面，蜀地原来的族群也发生了大规模的迁徙流亡。史载秦灭蜀，"蜀主更号为侯"。[1] 秦贬蜀为侯以后，蜀侯或曰蜀统治集团已不可能再留居成都及其附近。公元前311年，史载张仪、张若城成都，从所有流传下来的文献记载看，成都大城、少城分别作为蜀郡和成都县治所，城中绝无蜀王或蜀侯府邸之迹可考。此外在郫都区、临邛、雒县等成都附近各县，也无迹可寻，显然也无其立足之地。惟《太平寰宇记》记芦山县"有开明王城故址"。芦山今属雅安市，汉代为青衣县，开明王城应为秦贬蜀王为侯徙封之遗址。成都平原上的开明氏、蚕丛氏等族群，大概亦多随蜀王迁徙于这一带。当第三次所封的蜀侯绾被诛后，蜀侯被废，蜀统治集团遂率蜀地族群继续南逃，最后辗转迁徙到越南北方建立了安阳王国，汉初被南越国兼并。

蜀地族群的另一种流徙方式是四散流亡，如蚕丛氏族群主体随开明蜀王迁往雅安，故该地又号为古青衣羌国；但其另一些支系，则沿岷江河谷，退徙川西高原故地，这一带战国晚期至西汉的石棺葬应为其遗迹。此外《史记·三代世表》褚少孙补云："蜀王，黄帝后世也，至今在汉西南五千里，常来朝降，输献于汉。" 其地约当古代姚州，今云南大姚、姚安一带。这应是《史记》黄帝入蜀二子的后裔，蜀亡后流徙之地。蜀民流徙过程，自然亦是蜀文化传播的过程。

除开迁徙者外，留居原地的古蜀先民，连同整个蜀地，以及西南广大地区，则在秦汉以后陆续融入华夏，从此正式成为中华文明不可分割的有机组成部分。不过，蜀文化各个层面或方面融入华夏的历程并非完全同步，而是快慢错综、先后交织，非常丰富复杂，既从根本上表现了区域文化共趋变迁的普遍规律性，又相当充分而深刻地展示出蜀文化动态历程中的自身鲜明特点。

首先，由于商鞅变法后秦国急遽崛起，秦治模式在所到之处强势推行，蜀地很快就从制度层面上与华夏融为一体，进程相当迅速。其次，在经济生活层面，考古资料反映，一些带有蜀文化特色甚至巴蜀文字符号的器物仍然存续了两三百年，到西汉中期才基本消失，蜀地在物质技术方面亦基本上华夏化了。

特别值得注意的是精神形态层面。蜀文化在与中原文化全方位融汇的同时，一方面接受了秦汉文明从文字到意识形态、价值观念的整个体系，另一方面又保持、传承了自身一些鲜明的个性和特色，构成了中华文明百花苑中的一道靓丽景观。因此，本文侧重从精神这一层面，集中谈谈秦汉以降的古蜀文化

1　《战国策·秦策一》。

的精神风貌，亦即对其长期遗传、彰显的文化精神，尤其文脉气质做一些分析。

一是富于开放兼容精神。古蜀文化主要产生汇聚于四川盆地，盆周虽然群山环绕，自然地理形势四塞而对外交通不便。但正因为如此，先民自古就追求开放，通向域外文明的蜀道、南方丝绸之路很早就开辟形成，甚至成为发达的交通系统，如蜀道至迟在战国晚期就有了"栈道千里，无所不通"之誉。此外，从前文缕述先秦古蜀五朝的来源可知，蜀地历来就是八方移民汇聚之地，古代至少有过五六次大规模的移民，小的就难以计数了。也正因为如此，这里自古形成了包容而不排外的文化氛围。在传统农耕文明时代，盆地空间虽较广袤而不甘自足，物产丰盈，号称"天府"。土著和移民文化汇聚而成的蜀文化，正像学者所喻，犹如大型水库，不断吸纳融入了许多外来的资源和先进因素，极为繁荣，由此亦催生了从扬雄哲学上的"一分为三"，到人类最早的纸币"交子"等若干引领天下的发明创造。

二是文气十足，浪漫豪放。富于浓厚的文化艺术气息，而且富于浪漫精神，是蜀文化的一大特色，这应该与蜀地自然环境尤其山川形势的大起大落、多元多样分不开。至迟从三星堆—金沙时期开始，其出土器物每每以精美的人神和动植物造型艺术令人刮目。如前述与中原庄严的鼎簋系列相对的各类人神具象系列，特别是其生动的面目造型，尤其富于艺术的生命力和人文精神；而太阳神鸟、通天神树等动植物造型，亦特别富于夸张灵气，着实令人神游万仞。此种充满浪漫气息和想象力的"文艺范儿"，对后世影响很大。蜀地自汉以来即多文才，有"文章冠天下"之说，[1]尤以司马相如、李白、苏东坡、郭沫若等富于浪漫和创造力的大家引人注目。

三是重义理和思辨精神。这也与上述三星堆以来富于浪漫气息和想象力的文化特质直接相关。在中国古代思想文化中居于主流地位的经学，自汉代以来分为重章句训诂的古文经学，和重"微言大义"亦即义理的今文经学两大派。蜀地经学的发展基本与之同步，亦古、今文兼行，但与前述蜀地重思辨和想象力的文脉相承，今文经学特别发达，因而历来就有"益部多贵今文而不崇章句"之说，并由此形成源远流长的传统，不仅对蜀地文化影响深远，且影响及于全国。如号称戊戌变法"思想发动机"的晚清今文经学大师康有为，其理论实深受蜀中今文经学大师廖平影响。今文经学中重"微言大义"的特点，不仅契合蜀人重思辨的精神，而且二者的合流，强化了蜀文化富于想象和创造力的气韵，因而蜀文化学术谱系中历来不乏富于创造精神的百科全书式人才，扬雄、苏东坡、杨慎、李调元、郭沫若等群星灿烂，正是其辉煌体现。

本文刊于《文史知识》2017 年第 6 期，

经作者授权收入本书。

1　《汉书·地理志》。

古蜀人飞鸟崇拜与古蜀仙道信仰

谭继和

四川省政府文史研究馆馆员　四川省社会科学院研究员

现在，海内外人到四川来旅游，常说四川人的休闲生活方式："逍遥自在似神仙，行云流水随自然。"这种以"神仙"为特征的生活方式与理想信仰，在巴蜀已流传有几千年的历史。巴蜀是神仙说最早发源的地方。闻一多先生曾有《神仙考》一文，论证古昆仑山的神仙说，早于齐鲁滨海的蓬莱神仙说。王家祐先生在《巴蜀道教碑文集成·序》中也认为："中华道教之祥嗣（注：即神仙信仰）早启明于古山昆仑，与六千年文明相称并著。"[1] 他们所说的"古昆仑"，实际指的是"海内"有"小昆仑"之称的岷山山系。[2] 这里是神仙说，也就是后来的道教的发源地。现在要论证岷山区域 6000 年前就已有神仙信仰还很困难。但根据三星堆和金沙遗址的众多飞鸟崇拜的文物解读，我们可以确有把握地说，古蜀人的神仙信仰至少起源于 3200 年前相当于殷墟中晚期的三星堆青铜文明时期直至西周的金沙遗址，正与古蜀五祖的传说年代相当。且让我从古蜀仙道文献和考古两方面加以论证。

一、古蜀五祖与古蜀仙国、古蜀仙道

"古蜀仙国"的特色早已为古人所认同。李白诗："蜀国多仙山，峨眉邈难匹。""仙国"正是古蜀的特色。蜀人李白写成都："今来一登望，如上九天游""九天开出一成都，万户千门入画图"。其实，这是用道家仙游思想来描绘成都。九天，指中央为钧天，四面八方有八天。成都郫都区人、被汉代人就已尊为"西道孔子"的扬雄在《太玄》一书中专讲玄冥九天，后来成为道教习用术语，如《道经》所云"太冥在九天之上"，"九天真王主管九天：上三真清微之天，中三真禹余之天，下三真大赤之天"，乃至四梵三界三十二天，等等，皆从此而来。[3] 也有人把"九天开出一成都"写成"九天开出一帝乡"，"帝乡"也是道教专指神仙世界的用语。在李白看来，成都这座城市是在凌霄步虚的九天上开辟出来的"万户千门入画图"的神仙洞府。杜甫入蜀，对古蜀仙国的特色特别有感触。他说："天路看殊

1　龙显昭、黄海德主编：《巴蜀道教碑文集成》，王家祐"序"，成都：四川大学出版社 1997 年版。

2　《山海经·海内西经》："海内昆仑之墟，在西北，高万仞。"郭璞注："言海内者，明海外复有昆仑山，此别有小昆仑也。"

3　张君房：《云笈七笺》卷二十一《天地部》"总序天"，北京：中华书局 2003 年版，第 485-489 页。

俗""出入异中原""殊俗状巢居"。"天路"仍是道家术语"行自翱翔入天路"（《三洞经》），谓升仙羽化，诗圣杜甫对此深有体味，故在诗中用了"天路"一词来形容蜀地，也难怪诗仙李白要选择西蜀，"隐居于岷山之阳"，巢居以学仙了。宋人王安石写成都："盘礴西南江与岷，石犀金马世称神。桑麻接畛无余地，锦绣连城别有春。"（《送复之屯田赴成都》）宋人冯时行诗："只恐天上去，陈迹锦江涯""诗声写奇怪，画本出槎牙。"（《梅林分韵》）这些诗透露出宋代人对古蜀仙国的文化心理。举凡李冰的石犀故事、严君平阐释海客乘槎得支矶石的故事、七星桥如北斗布于锦江的故事、王褒金马碧鸡神祭故事、二郎擒孽龙的故事、龟城锦城蓉城得名的故事，种种都透露出人们对古蜀仙国"诗声写奇怪，陈迹世称神"的神秘感和"只恐天上去，陈迹锦江涯"的浪漫情怀。总之，西蜀历来是块神奇、神异的地方，是与中原迥异的"绝域殊方"，是古蜀仙国、洞天福地。这是历代人都能认同、达成共识的观念。

古人对"古蜀仙国"的认知，来源于古蜀五祖"得仙道"信仰的故事。古蜀五祖仙化的传说很早。蚕丛、柏灌、鱼凫，"此三代各数百岁，皆神化不死，其民亦颇随王化去"。[1]"上古时，蜀之君长治国久长，后皆仙去。自望帝以来，传授始密。"[2]从蚕丛、柏灌到鱼凫三代都神化仙去。不仅蜀王成了仙，连其部族民众也随王化成了仙。其中的鱼凫王田猎于湔山，还"忽得仙道"。[3]以上史料透露了古蜀仙话化时代的秘密。"蜀之君长，治国久长"说的是古蜀五祖时代悠长而迷茫。"后皆仙去"，说的是古蜀早从"五祖"传说时代开始，甚至更早在蚕丛王时期以前就已产生了仙道信仰。直到杜宇"望帝以来，传授始密"，说明古蜀仙道到杜宇时已发展定型和成熟，传授越来越系统化，并有了严密的师承关系。所以，继前三代蜀王之后的杜宇氏望帝和开明氏丛帝都有美妙的仙化故事。

杜宇"从天坠"，魂魄化为杜鹃，也是成仙故事。[4]杜鹃，又名子规、子鹃、子尚、秭归。杜鹃鸟有两种，一种是褐色似鹊，即布谷鸟，其鸣声宛如"不如归去"；另一种是"色黑似鸟而小，两吻赤如血"，其鸣声宛如呼"杜宇"。[5]蜀中多有这种小杜宇鸟。蜀人因思念望帝，故在"鹃字上加以杜姓，谓之杜鹃，又直名之为杜宇"。[6]杜鹃"声哀而吻有血"[7]，故有杜鹃啼血的故事。"望帝春心托杜鹃"，蜀人每岁春

1　扬雄《蜀王本纪》："蜀王之先名曰蚕丛，后代名曰柏灌，后者名鱼凫，此三代名数百岁，皆神化不死，其民亦颇随王化去。鱼凫田于湔山，得仙，今庙祀之于湔。"

2　《古文苑》章樵注引《先蜀记》。

3　《华阳国志》卷三《蜀志》。

4　《太平御览》卷一六六引《十三州志》："望帝使鳖冷治水而淫其妻，冷还，帝惭，遂化为子规。杜宇死，时适二月，二子规鸣，故蜀人怜之。"《蜀王本纪》云："望帝，杜宇也，从天坠。"左思《蜀都赋》云："鸟生杜守之魂。"《说文解字》"巂"字条云："蜀王望帝……亡去化为子巂鸟。"《九家集注杜诗》卷十一"杜鹃"诗注："胡江东所谓杜宇曾为蜀帝王，化禽飞去。"

5　〔宋〕郭知达编注：《九家集注杜诗》卷七《杜鹃行》注引《华阳风俗录》《蜀记》。

6　〔宋〕郭知达编注：《九家集注杜诗》卷七《杜鹃行》注引《华阳风俗录》《蜀记》。

7　〔宋〕郭知达编注：《九家集注杜诗》卷七《杜鹃行》注引《华阳风俗录》《蜀记》。

二月间闻杜鹃鸟鸣就有跪拜的习俗："我见常再拜，重是古帝魂""圣贤古法则""礼若朝至尊"[1]。这是西蜀特有的习俗，其俗从先秦一直流传到唐宋时代。杜甫曾写《杜鹃》诗："西川有杜鹃，东川无杜鹃。涪万无杜鹃，云安有杜鹃。"[2] 说的就是西川和云安尚存有蜀人跪拜杜鹃的习俗，而东川、涪万地区则没有这种习俗。这是因为川西是蜀人区域，具有对蜀王杜宇的祖先信仰，故有祭祀"杜鹃"（杜宇魂）的习俗。云安，即古夔州，是杜宇诞生的故乡，是蜀人杜宇祖庭，故也有跪拜祭祀杜鹃的习俗。而东川、涪万（涪州、万州）是巴人地区，杜宇不是巴人的祖先，故这两地没有跪拜杜宇的祭祀习俗。鹰头杜鹃青铜形象出现于三星堆祭祀坑就是这个原因。所以，杜宇"化禽飞去""魂化杜鹃"就是羽化飞仙的仙道故事，是后来道教的滥觞。

继杜宇之后的蜀王开明氏，上天成为守昆仑之虚的开明兽，[3] 这也是仙化故事。昆仑虚乃"帝之下都"。《山海经》说，这是"百神之所在"的地方。[4] 开明兽成为昆仑山镇守百神天门的神兽，这是古蜀仙道早已有之的传说。后来道教利用了古蜀仙道这一传说，将其进一步仙话化，把桂州昆仑山视为"天下仙圣"所居之地[5]，岷山（包括青城山）遂成为"（昆仑）真官仙灵为之所宗"[6]。西蜀成为道教昆仑仙宗的中心，就是这么来的。它与东边滨海的蓬莱仙宗是两个不同的系统。

以上古蜀五祖的仙化故事是古蜀人仙化想象力的真实记载，是古蜀仙道文化流传的真实记录。仙字古写为僊、遷，二字同源。《诗经·宾之初筵》："屡舞僊僊。"《庄子》："僊僊乎归矣。"《说苑》："辨哉士乎，僊僊者乎。"司马相如《大人赋》："僊僊有凌云之气""皆当即读为轩"。清代黄山认为"此盖借僊字轩音为先"，通仙人之仙。[7] 许慎《说文解字》："仙，人在山上貌，从人山。"《释名·释长幼》曰："老而不死曰仙。"仙字古写为僊，"长生僊去"曰僊[8]。清人段玉裁注云："仙，遷也，遷入山也。""古以僊为仙。"[9] 仙或僊就是遷（迁），二字同为一义。仙化就是迁化，迁来迁去，引起羽化飞升的浪漫想象，就成了仙。一句话，迁徙活动被称为"迁"，从事迁徙活动的人则被称为"仙"，蜀人的仙化思维就是这么来的。后来道教借用了这个"仙"字，构成了"神仙"一词，仍含有隐居山林、迁徙变化的含义，但被提升为羽化飞仙的幻化境界。例如鱼凫民本生长在成都平原上，受水患的压迫，不断迁往两水之间的高地，周围白水茫茫，人到此时最好是能像飞鸟一样"翱翔乎天路"，这个迁的过程就被想象为羽化飞仙。扬雄《蜀王本纪》说：到杜宇时代，原鱼凫部族上山学仙道而仙化的"化民"，

---

1   杜甫：《杜鹃行》。

2   杜甫：《杜鹃》。

3   袁珂：《山海经校注·海内西经》。

4   袁珂：《山海经校注·海内西经》。

5   《水经注·河水》引《遁甲开山图》荣氏注云："天下仙圣，治在桂州昆仑山上。"

6   《十洲记》："（昆仑）真官仙灵之所宗，品物群生，希奇特出，皆在于此。天人济济，不可悉记。"

7   〔清〕黄生撰，黄承吉合按：《字诂义府合按》，北京：中华书局1984年版，第179页。

8   《说文解字》第八篇上"僊"。

9   《说文解字段注》，成都：成都古籍书店1981年版，第407页。

因望帝杜宇治于汶山下的郫邑，他们又回到成都平原，成为杜宇的"化民"，故"化民往往复出"。[1] 这里的鱼凫部族"化民"就是文献记载的具有仙化想象力和仰望星空的神仙梦想精神的第一代蜀民。他们的仙化思维特征在历代蜀人中得到传承。蜀人仙化的文化代表是司马相如的《大人赋》。该赋模拟屈原的《远游》，"言神仙之事"，以"苞括宇宙""控引天地"的浪漫笔调，叙述仙人周游天地：南游祝融，东游句芒，西游弱水、流沙、昆仑、三危，见西王母，北游幽都、北垠、玄阙、寒门。[2] 汉武帝"好仙道"，读了司马相如这篇赋，竟然"大悦，飘飘有凌云气游天地之间意"。[3] 再看老子骑驴传授《道德经》，约关令尹喜于日后相遇于成都青羊肆，即今之青羊宫，这一传说也是古蜀人仙化思维的产物。严君平与支矶石的仙化传说、成都石犀寺下有海眼的故事、成都风雷振大石的故事、天涯石的故事等，都可以看出蜀人的文化创造力，多用在仙化和幻化方面。这是蜀人流传仙道信仰的思想基础。用今天的术语讲，就叫作蜀人多浪漫主义，多球型思维，想象力和联想性丰富。所以，从司马相如、扬雄到陈子昂、李白、苏轼、杨升庵、张问陶、李调元到郭沫若、巴金这些蜀籍的"文章冠天下"的文化巨人，"以文辞显于世"[4] 的"天下第一秀才"，都是富于浪漫主义的发散性、球型思维天才，其渊源就在古蜀仙道所体现的蜀人的仙化思维和浪漫主义的梦想精神世界里。

再深层次地看，中原文化重礼化，以《诗经》为元典，重礼器，以后母戊鼎为代表。楚文化重巫化，以《楚辞》为元典，以离奇浪漫的《天问》为代表。巴文化重鬼化，"其俗尚鬼重巫"，巫山神女和盐水女神的神话是元典，丰都平都山是典型代表。蜀文化的根本特征是重仙化，以古蜀仙道为代表，司马相如讲"列仙之儒"与"帝王之仙"的《大人赋》、严君平的《老子指归》、扬雄的《太玄》、张陵的《老子想尔注》是其元典。总之，不同地域有不同特征的文化想象力，有不同色彩和魅力的浪漫梦想，由此而将巴蜀文化与其他地域文化相区别开来。古蜀的仙道和仙化思维特征，既体现在技巧、技术和文物等物质层面的因素上，也体现在价值、思想、艺术性和道德性等精神层面上，从而构成巴蜀文化一个重要特征，就是"神"：神奇的自然世界、神秘的文化世界、神妙的心灵世界，这就是巴蜀文化数千年积累、变异和发展留下的历史传统和历史遗产，构成了巴蜀文化的独特性。巴蜀自古以来3000多年的仙道文化，是巴蜀道源深刻的内涵和核心，是1800多年前东汉末在巴蜀由张陵创立道教——天师正一道的广阔的基础。

二、巴蜀考古遗存与古蜀仙道

从巴蜀考古发现看，三星堆的鸟首人身青铜像、人身鸟足像以及各种鹰头杜鹃等凤鸟形象的文物很

1　扬雄：《蜀王本纪》。

2　《汉书·司马相如传》。

3　《汉书·司马相如传》。

4　《汉书·地理志》。

多，它们是古蜀人的飞鸟崇拜信仰，也就是羽化飞升思想的渊源。特别是金沙遗址出土的玉琮上有线刻的鸟翅人体像，即最早的羽人形象，以及太阳神鸟的形象，正体现了蜀人羽化飞仙的飞鸟崇拜思想，正可与前述古蜀仙道文献相互印证。

人与鸟结合，叫作"羽人"。羽人飞升成仙，是仙道思想的核心。道源最早就是从这里发端的，故道教特别重视"萧萧高仙，飞步太清"，就是说人要像飞鸟一样自由，才能升天成仙。[1] 如果要像飞鸟一样成仙，首先要有符图，故道教经典有《元览人鸟山形图》，主张"天帝写空中之书，以附人鸟之体"，只要"道士有此山形及书文备者，便得仙度世，游宴昆仑"。[2] 这种"附人鸟之体"有个专有名称，叫作"人鸟"。"太上曰：无数诸天，各有人鸟之山，有人之象，有鸟之形。……肉身能飞，……其翔似鸟，出游三界之外；其神真人，入宴三清之中，总号'人鸟'。"[3] 道教符图中的"人鸟"和"人鸟山"实际上是一种仙话化的美妙幻想。它最早的来源，是三星堆遗址和金沙遗址众多与飞鸟形象相关的文物所体现的飞鸟崇拜。它"说明鸟当时在人们宗教信仰中占据着重要的地位"。[4] 我们可以从三星堆、金沙青铜文化遗物中来对这些与鸟崇拜有关的文物与文献两方面结合加以考察，看一看这些飞鸟崇拜的文物背后，古蜀人心中在想什么，崇拜什么，他们幻想的是什么东西，其理想和信仰又是什么东西？答案是：他们把对祖先的信仰和对自然的崇拜结合在一起，形成了羽化飞仙的观念，变成了对神仙世界的信仰。我们把这些文物细加分类，按照仙化思维发生和发展的九个顺序来探索一下古蜀人仙道信仰产生的历程：

一是对飞鸟个体和飞鸟羽翅的崇拜。其奇特之处铜鸟的翅膀很大、很长，它的尾翼超过了身体部分（K2③:239-1）。另，还有很多羽翼饰件（K2③:4-1）。这表明对飞鸟能飞的崇拜。

二是鹰头杜鹃鸟形象（K2②:141），表明蜀人不是崇拜一般鸟，而是特别崇拜杜鹃，"望帝春心托杜鹃"，它正是杜宇帝的化身（王家佑先生语）。

三是鸟要往树上飞，这就产生了对鸟栖花枝头的神树的崇拜（K2②:94）。三星堆出土的I、II号大型青铜神树，枝上有九只鹰嘴状钩喙、尾羽镂空上翘的鸟，这是蜀人欲学鸟飞升上树的仙化想象。

四是由鸟想到人，也应该似飞鸟上树，这就出现了人双脚踩两只飞鸟欲飞天的青铜形象（标本 K2③:327）。据《三星堆祭祀坑发掘报告》称：

该"人像上半身及鸟的尾端残断无存，出土时裙裾及鸟身纹饰上均涂有朱砂。人像鸟爪形足以嵌铸法与鸟的头部铸造在一起，人像下身着紧身

鸟栖花枝头

————————————————

1　张君房：《云笈七笺》卷八十《符图》"元览人鸟山形图"。

2　张君房：《云笈七笺》卷八十《符图》"元览人鸟山形图"。

3　张君房：《云笈七笺》卷八十《符图》"元览人鸟山形图"。

4　成都市文物考古研究所、北京大学考古文博院：《金沙淘珍》，北京：文物出版社 2002 年版，第 83-84 页。

短裙……饰几何形云雷纹……双足鸟爪突出，攫鸟首而立。鸟形颇为抽象，大眼，鹰喙，颈细长，分尾，鸟两侧各饰双列云雷纹，……扉上饰有羽纹。"[1]

请看，这一形象与道经"人鸟山形图"所主张和描绘的"总号人鸟"是多么地若合符契！

五是人想象踏着飞鸟还不行，还不如人自身长翅膀，人变成飞鸟，如道经《元览人身山形图》所说："有人之象，有鸟之形"，"总号人鸟"，"肉身能飞，其翔似鸟"（《羽化飞天经》）。这便出现了青铜树上九个枝头九朵花上站立着九个人面鸟的形象（K2③:154），还出现了人额头向两边延伸的方翼鸟纹饰形象（K2③:228、K2③:217，B型K2③:231、K2③:237）。不仅人能长翅膀，蜀人甚至希望大象也能长翅膀，这就出现了青铜"大象头冠"人像（K2③:264）。这是因为三星堆人与大象打交道很多，故出现人冠饰上象鼻与双翅共生的图像，连大象这么重的动物都能长翅膀飞天，更何况人呢，这是古蜀人的奇特飞天的想象，也是后来出现"一人得道，鸡犬升天"成语所内含的渊源。

六是古人相信人有灵魂，是可以不死的。"魂"字右边为大头人字形，左为"云"字。其右是人肉身的示意，左是灵魂在肉身内不可名状的示意，故用云霞之气代表人的"魂"，这个云可以离开人的肉身，故被叫作"灵魂出窍"。魂是心灵的代称，魄是体魄的代称，魂魄就是指人的心灵。如A型（K2②:142）"夔龙形额饰"青铜纵目人面像，其额正中方孔竖一"夔"形饰，与鼻梁衔接，直插云端。其实细审之，应不是发掘报告作者断定的"夔龙形"，而是（鸟的）羽翼在前方与后面高高的云卷的形象，是羽翼和云卷两部分组成的，只要把这个羽饰与其他出土的羽饰一比较，形象完全一致，就可以知道了，这是蜀人幻想鸟翼由额顶飞出，直上云端的"灵魂出窍"的飞天梦想的体现。

七是这个羽化思维进一步升华，就是生成羽人，飞仙上天。这就要说到紧接三星堆遗址毁灭后就迁到成都平原腹心地的金沙遗址出土的玉琮上来了。该十节玉琮渊源于良渚，但上有线刻长翅膀的人形象（2001CJQC:617）。根据发掘者的描述，玉琮器上有40个神面纹，其横棱上阴刻细密的平行线纹，表示羽冠。在玉琮上射的一面阴刻神人，双脚叉开，头戴羽冠，双臂并举，长袖飘逸，两臂各阴刻一上卷的羽毛形装饰。[2]对此图加以细审，实为一头戴羽冠、身生两翼的羽人形象。这个形象与三星堆遗物相比较，已突破了单纯的人与鸟结合的形象，而是较为复杂的人身直接长出羽翼的形象，这比人乘仙鸟飞升更进了一步，是后来道教所说"神入骨肉形的人神"观念的来源。学道之人要成仙，就必须"学仙道，长生久视，飞仙上天"，[3]并专门造出了可以"望空步虚"的"飞行羽经"。[4]天师道的《正一经》认为这是"教人学仙"的"上古之法"。[5]这个"上古之法"，应该就来源于玉琮羽人所体现的飞羽思想。以后，秦汉

1　四川省文物考古研究所：《三星堆祭祀坑》，北京：文物出版社1999年版，第169页。

2　成都市文物考古研究所、北京大学考古文博院：《金沙淘珍》，北京：文物出版社2002年版，第83-84页。

3　张君房：《云笈七笺》卷十《三洞经教部》"经·老君太上虚无自然本起经"，北京中华书局2003年版，第177-188页。

4　张君房：《云笈七笺》卷八《三洞经教部》"经释·释廻元九道飞行羽经"，北京：中华书局2003年版，第149页。

5　张君房：《云笈七笺》卷六《三洞经教部》"四辅"，北京：中华书局2003年版，第102页。

画像砖、石里，这种羽人形象就相当多了，就连怀抱日、月的伏羲、女娲也都长出翅膀成了羽人。

八是这些羽人飞到哪里去了？飞到太阳里边去了，成了追求光明的"奔日之仙"，这就是金沙遗址出土的"太阳神鸟"金箔饰。关于该金箔还没有准确的文化解读。其图形为四鸟绕日飞行状，每鸟为三足，周围十二条光芒，这可能是一年四季十二个月四只三足金乌绕日飞行的寓意，但这只是今人根据今天的思维做出的解读和猜测，说不准古蜀人想象的原旨。不过，世界原始民族崇拜的太阳神形象，有三大系统：人面系统、十字架光芒系统和我们华夏民族的"日中有三足金乌"的系统。金沙的太阳神鸟，正是华夏太阳神崇拜形象的明证。与此同时还有把蟾蜍形象作为月亮神崇拜的信仰，这恰可与金沙遗址出土的蟾蜍（青蛙）金箔相印证。在三星堆遗址还出土有石制蟾蜍，这都可以说西蜀地方是日、月神完美形象的源起处和结穴地。虽然考古上"双鸟抱日"的形象出现在7000年前河姆渡陶器图形上，但那不是在"日中"，鸟也无"三足"。只有蜀中的"太阳神鸟"具有《淮南子》所讲的"日中有三足乌"的华夏信仰的完整条件和完美形象。因此，可以得出结论说，道藏经典《思神诀》所谓的"日者天之魂，月者地之魄，谓之神明"的日、月仙话理念，正是古蜀人仙化飞升梦想模式的产物和结晶。这两种日月神崇拜的特殊信物，在道教科仪里得到广泛的应用。

九是上述仙化思维的飞升，自然会联想到古蜀人梦想的"神人仙居"会是什么形象？我们也可以在三星堆文物里找到答案。这个证据就是三星堆青铜神坛（K2③:296）。"全器由兽形座、立人座、山形座、盝顶建筑四部分组成。"[1] 底部"兽形座"是长有翅膀能飞翔的两只相反方向而立的怪兽，兽身填充有"歧羽纹"。其上层"立人座"置于兽形座角与翅之上，有四个双手抱握的立人像。立人帽顶上置"山形座"，这是第三层。其中四山相连，边沿饰有"云目纹"。第四层，"盝顶建筑"置于四山顶部，内铸一排跪坐人像，周遭饰有"云雷纹"和"歧羽纹"，正中铸有一鸟身人面像。盝顶四隅各立有一鸟，有云状和羽状纹饰。值得注意的是，所有人、鸟、怪兽形象，多饰有歧羽纹、卷云纹、云雷纹和羽状纹饰，与飞鸟信仰有关。现在，我们把这四层连起来，顺着古蜀人羽化飞仙的思路做个文化解读，这应该是：长着歧羽的飞翔的怪兽（第一层），托起了武士立人守卫的蜀人大地（第二层），通过昆仑山上的神树（也许是建木，也许是若木），自由翱翔于天（第三层），蜀人大家都像飞鸟一样，飞入到四隅有神鸟护卫的盝顶建筑的天上神殿里，过着行云流水、逍遥自在的神仙生活（第四层）。这也许就是蜀人"天府"一词的

铜神坛整器线描图

三星堆青铜神坛

1　《三星堆祭祀坑》，第231页。

仙乡人居概念的来源吧？不容人不这样猜想。古蜀人造这样一个20多厘米高的神坛，就是要表现人鸟合一，"天地写空中之书，以附人鸟之体"的羽仙观念，来表现对神仙世界的梦想和崇敬，表现如汉代司马相如所总结的蜀人"苞括宇宙，总揽人物，错综古今，控引天地"的浪漫理想精神和梦想精神，古蜀仙源就是这样形成的，古蜀仙道也就是这样产生的。距今3000年以上的古蜀神仙道，到距今2000年前后变成创立道教的核心理念，浸入各阶层人的生活方式和思想方式中，到汉代以后更出现了各种各样的《神仙传》和各种神仙故事，丰富了我们的精神生活。

一句话，文献史料和考古资料两相印证，二重证据若合符契，毫无疑义地证明古巴蜀（古昆仑、古岷山）是中国神仙说和神话仙源化的起源地，是中国仙道的起源地，也是道教昆仑真官仙灵学派的中心。

三、"道、经、师"三宝与古蜀仙道文化

道教之所以能成教，关键是在道、经、师三大要素上有系统的整合和完整的展示，故被称为"道教三宝"。道宝指以三清诸神为中心的神仙系统信仰，经宝指道论、教义及其经典，如"云笈""仙经""道书""金函""玉册""神书""册书"等经籍。师宝指经师道士组织系统及科仪、经忏、宫观等宗教形式。张陵在大邑鹤鸣山和青城山学仙创道布道，主要工作就是对道教三宝加以系统化和整合化，从而形成"天师道"。在师宝方面，他以成都平原为中心，以天师、嗣师、系师传授系统，建立了二十四治，后来扩展为二十八治、加八治，四别治、八游治、八配治、二十四正治等众多的教区组织，道教获得了宫观载体和传播信仰的阵地。在道宝方面，则主要是建立以"三清"诸神为核心的各路神仙系统，其中主要是以昆仑山西王母信仰为特色，以神化和仙化老子为核心。在经宝方面则主要是把道家学说由人学改造成为神学，主要是对《道德经》的改造，张陵的《老子想尔注》就是其中的将《道德经》神学化、仙学化的奠基之作。

以上道、经、师三方面都各有其复杂的、多元的渊源。但从上述分析，我们不难看出仙学和仙道是多元化道源的核心部分，而古蜀仙道则对道源的核心内涵做出了突出的贡献。它是道教得以创立的理论基础和组织基础，为道教提供了丰富的思想养料和宗教组织资源。

葛洪《神仙传》说：张陵"闻蜀人多纯厚，易可教化，且多名山，乃与弟子入蜀住鹤鸣山，著作道书二十四篇"。[1]这是创立"正一盟威之道"的思想基础和组织基础。"多纯厚"，是说蜀人信仰纯粹，信的主要内容是上述的仙化思想和仙道信仰。"易可教化"，是说蜀人早有"随王化去"和"随王复出"的"化民"教育。"多名山"则为"列仙之儒"提供了隐居山林的载体。宋代在简州逍遥山石室发现的汉代石刻碑，有题词"汉安元年四月十八日会仙友"[2]，表明东汉末期蜀中仙道活动已相当发达，学道之

---

1 〔晋〕葛洪：《神仙传》。
2 龙德昭、黄海德主编：《巴蜀道教碑文集成》，佚名《仙集留题》，成都：四川大学出版社1997年版，第1页。

人已有"仙友"的称呼，集会活动已有"仙集"，集会地点在名山石室，学仙者隐居山林，这是道教洞天的雏形。汉安元年是汉顺帝年号，在公元 142 年，正值张陵创教期间。这种仙集留题活动是直接承袭古蜀"化民"活动而来的。张陵是利用了蜀中仙道早已有之的组织和活动而创教的，至为明显。正因为巴蜀具有这样优越的自然条件和历史条件，又有悠久的仙学历史渊源，才能发展出五斗米道、天师道，成为道教产生的正源。而中原、齐鲁的太平道却昙花一现，很难成为恒久的宗教。这其中的主要原因，不能不说同西蜀仙道的广泛传布有着不可分离的紧密关系。

道教初创，核心是教论和教义要神化和仙化。道教经籍可分为道学、神学和仙学三部分。道学指道家学说，被道教加以神学化。神学指道教诸神信仰，但如没有独到的教论、教义，诸神信仰也就缺乏支撑。因此，仙学就成为既不同于道家，又不同于道教，既融于道家又融于道教的特有之学，特别是土生土长，在蜀中流传千年以上的仙学，就成为连接道家和道教、道学和神学的纽带、核心和灵魂。仙学是统率道学和神学的，其始源来自古蜀五祖的仙道，而将古蜀仙道整合，提升为古蜀仙学理论的奠基者则是西汉成都严君平。他最先引庄入老，最先以《道德》《南华》二经并称，其仙学理论的代表作是《老子指归》。在《老子》一书里，未涉及仙人之事。《庄子》提出了"去而上仙，乘彼白云，至于帝乡"的理念，有了"圣人鹑居、鸟行、白云、帝乡、逍遥"等观念，有了仙人、神人、真人、圣人、贤人等概念，但还缺乏系统的仙道观念。而严君平《老子指归》一书则在"太上之象，莫高乎道德"之外，明确提出了"神明""太和""天地""阴阳"等理念，这是将老子庄子神明仙化尚未有明晰系统的思想加以仙学化，为"神仙"信仰观念的理论化奠定了初步基础。

他的弟子扬雄和班嗣修老庄之术。尤其是扬雄的《太玄》，是承继其师严君平之学并将《老子指归》进一步玄冥化的里程碑之作。鲍照说他的《太玄》是"良遮神明游，岂伊覃思作"，是"爱清爱静，游神之庭"而写出来的。[1] 因此，扬雄又被称为玄冥大师。这种与神明游、玄冥清静、游神之庭的性灵和思维，正是蜀人仙化思维传统的体现。

特别需要指出的是，《太玄》的天地人三生、三才、三玄的本体论，是道经"三一说"的指导思想和理论依据。扬雄主张天、地、人三玄，三玄又各分为三，共为"九天"，象征万物消长的过程。它成为道经"九天"说的来源。扬雄的《太玄》也不同于老子讲的"道"，老子讲的是"道生一，一生二，二生三，三生万物，万物负阴而抱阳，冲气以为和"。老子重视的是"一"，"一"是万物始基，这是始源一元化的思维模式。而《易经》的"太极生两仪，两仪生四象，四象生八卦"则是始源为阴阳两极对抗的思维模式。扬雄则不同，他主张"天地奠位，神明通气，有一有二有三"。[2] 他认为"三"才是万物的始基，因而创出了以天、地、人三才为内核的"太玄"，这是主张始源为"三"的多元一体思维模式。这个以"三"为特征的宇宙本体论是对老子的"道"和《易经》的"太极"的扬弃。张陵的《老子想尔注》

1　《汉书·扬雄传》。

2　扬雄：《太玄告》。

正是承袭了这一思想，但他更发展了扬雄神学化的一面，而抛弃了扬雄非神学化的一面。道教吸收"太玄"思想成为"三一重玄之绪"的"三一"之法。[1] 唐代蜀人李荣《道德经注》将老子解为"寄名为一，一不自一，由三故一。三不自三，由一故三。由一故三，三是一三。由三故一，一是三一"[2]，就明显是《太玄》思想的道教化。

到东汉末年，张陵著《老子想尔注》，是对严君平《老子指归》和扬雄《太玄》思想的逻辑发展。道经上说张陵在鹤鸣山学道，应该指的是从老子《道德经》到严君平《指归》再到扬雄《太玄》的蜀中之道。张陵《老子想尔注》就是在这些"蜀中之道"的基础上，将《老子》由人学改造成为神学的集大成之作。"道教"这个名词的创造，就是张陵在《老子想尔注》中第一次提出来的。张陵"天师道"（正一道）属符箓派的代表，应该说是符箓派最先采用古蜀仙道及其理论，仙学最先在符箓派中发展起来。后来丹鼎派也利用仙学成果发展出仙道，两大学派互相交叉融合，仙学遂成为道教的主体和核心。

蒙文通先生说："古之仙道，大别为三，行气、药饵、宝精，三者而已也。"[3] 仙道三派的交叉和融合，促进道教成为系统化的宗教。而巴蜀在元代以前则始终是符箓派仙学的中心。蜀之王子乔、李八百、彭祖、李阿、涉正、栾巴、蔡长孺、徐季道、范材、郭志生、于满川、宋文才等成仙故事，多是羽化飞仙思想的产物。飞仙羽人成为道教的核心观念，这是古蜀仙道的核心观念，这是古蜀仙道对道教文化最为特殊和伟大的贡献。

三星堆金沙遗址出土部分鸟类形象的文物

1　张君房：《云笈七笺》"昇玄经"。

2　李荣：《道德经注》。

3　蒙文通：《晚周道仙分三派考》，《蒙文通文集》第一卷《古学甄徵》，成都：巴蜀书社 1987 年版。

商代中国黄金制品的南北系统

段 渝

四川师范大学教授　四川省社会科学院研究员

不论在古代文献还是考古学上，迄今还没有中国新石器时代的黄金制品被发现。考古学上中国早期的黄金制品出现在青铜时代，目前所见资料中最早的一例，要数 1976 年在甘肃玉门市火烧沟遗址的墓葬中出土的黄金制品，有黄金制作的"鼻饮"和齐头合缝的金耳环，与彩陶、石器、青铜器和银器共存，其年代大致与夏代同时，相当于齐家文化的后期。[1] 除此而外，中国其他地区尚未发现夏代的黄金制品。

中国早期的黄金制品较多地出现于商代。从地域上划分，商代的黄金制品，在中原和北方地区主要发现于北京、河北、河南、山东、辽宁和山西，在南方则集中发现于四川。这些出土的黄金制品，不论从它们的形制、数量、制作方法上，还是从它们的功能体系上看，都存在南北之间的系统区别，从而反映了商代南方系统和北方系统不同的价值取向、价值观念以及其他一些问题。本文试对这几个问题做一初步探讨，抛砖引玉，就教于海内外达识方家、博学通人。

一、商代黄金制品的北方诸系统

本文所说的南方和北方，是指地理学上以秦岭和淮河划线所区分的南方和北方。

中国北方地区现已发现的商代黄金制品主要如下：

（1）河南郑州商城。

在郑州商城发掘中，在商城东北角内侧的祭祀坑内，出土一团极薄的金箔片，展开之后是一件夔龙纹金叶饰片[2]。

（2）河南安阳殷墟。

1　甘肃省博物馆：《甘肃省文物考古工作三十年》，《文物考古工作三十年 (1949—1979)》，北京：文物出版社 1979 年版，第 142、143、151 页。

2　河南省博物馆、郑州市博物馆：《郑州商代城遗址发掘报告》，《文物资料丛刊》(一)，北京：文物出版社 1977 年版，第 42 页。

1931 年至 1932 年殷墟第四、五、六次发掘，出土黄金块 2 块及小片金叶[1]，黄金块出土于 E16 坑内，黄金叶出土位置不详。在安阳后冈的商墓中还发现少量黄金制品，如后冈大墓内发现黄金叶[2]，后冈 M47 二层台上也发现黄金叶[3]。在安阳侯家庄甲种 I 式大型墓 HPKM1001 的盗坑填土中发现有黄金残片。[4] 中华人民共和国成立以前共在小屯发掘出金叶 24 片，最薄仅 0.5 毫米[5]。

1953 年在安阳大司空村 171 号墓出土金箔 1 件，厚仅 0.01 毫米[6]。

此外，在安阳殷墟曾发现一块重一两的金块，尚未进行制作，大概是天然金初经熔化而自然凝结者。[7]

（3）河南辉县琉璃阁。

在河南辉县琉璃阁 141 号商墓内出土金叶片，共重 50 克。[8]

（4）河北藁城台西。

20 世纪 70 年代在河北藁城台西村商代中期墓葬 M14 内发现金箔片，金箔片上压印有云雷纹，厚度不到 1 毫米。[9]

（5）山东益都苏埠屯。

在山东益都苏埠屯商墓内，出土金箔 14 片，均极薄而均匀。[10]

（6）北京市平谷县（今平谷区）刘家河。

1977 年在北京平谷县刘家河发现了一座商代中期墓葬，墓内出土一批黄金制品[11]，计有：

金臂钏 2 件，形制相同，系用直径 0.3 厘米的金条制成。两端作扇面形，相对成环，环直径 12.5 厘米。一件重 93.7 克，另一件重 79.8 克（图一：1）。

1 李济：《安阳最近发掘报告及六次工作之总估计》，《李济考古学论文选集》，北京：文物出版社 1990 年版，第 275 页、282 页。

2 石璋如：《河南安阳后冈的殷墓》，《"中央研究院"历史语言研究所集刊》第十三本，1948 年。

3 邹衡：《商周考古》，北京：文物出版社 1979 年版，第 101 页。

4 邹衡：《商周考古》，第 98 页。

5 《小屯》丙编《殷墟墓葬》。

6 中国科学院考古研究所：《一九五三年安阳大司空村发掘报告》，《考古学报》第 9 册，1955 年。参考《中国冶金简史》，北京：科学出版社 1978 年版，第 34 页。

7 郭宝钧：《中国青铜时代》，北京：生活·读书·新知三联书店 1963 年版，第 48 页。

8 中国科学院考古研究所：《辉县发掘报告》，北京：科学出版社 1956 年版。

9 河北省文物管理处台西工作队：《河北藁城台西村商代遗址发掘简报》，《文物》1979 年 6 期；河北省文物考古研究所：《藁城台西商代遗址》，北京：文物出版社 1985 年版，第 136 页。

10 山东省博物馆：《山东益都苏埠屯第一号奴隶殉葬墓》，《文物》1979 年第 8 期。

11 北京市文物管理处：《北京市平谷县发现商代墓葬》，《文物》1977 年第 11 期。

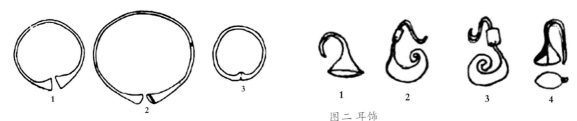

图一 金臂钏
1—平谷刘家河 2—喀左和尚沟 3—宁城南山根

图二 耳饰
1—平谷刘家河（金） 2—石楼后兰家沟（金）
3—永和下辛角村（金） 4—唐山小官庄（铜）

金耳环1件，一端作喇叭形，宽2.2厘米，另一端作尖锥形，弯曲成直径1.5厘米的环形钩状，重6.8克（图二：1）。

金笄一件，长27.7厘米、头宽2.9厘米、尾宽0.9厘米，截断面呈钝三角形，重108.7克。

此外，还出土金箔残片，残存2厘米×1厘米，无纹饰。

（7）北京市昌平县（今昌平区）雪山村。

1961年在北京昌平县雪山村的一座墓葬中，发现一副黄金耳环[1]，一端做喇叭状，另一端作0形。

（8）河北卢龙县东阚各庄。

1972年在河北卢龙东阚各庄商代晚期墓葬中出土与饕餮纹鼎、乳丁纹簋共存的金臂钏，两端接头处作扇面形。[2]

（9）辽宁喀左县和尚沟。

1979年在辽宁喀左和尚沟墓地M1内出土2件金臂钏，两端作扇面形（图一：2）[3]，年代约为商末。

（10）山西石楼县后兰家沟、永和县下辛角村、吕梁县（今吕梁市）石楼镇桃花庄。

在山西石楼后兰家沟[4]、永和下辛角村[5]分别发现了与殷墟式青铜器共存的黄金耳饰5件，耳饰柄端作横S形，垂端作卷云形，柄的中部穿绿色珠（图二：2、3）。

另在吕梁县石楼镇桃花庄墓内人骨腿骨处和头骨处发现金片，还出土上有绿松石的金片8片（可能是耳环）。[6]

1　邹衡：《商周考古》，北京：文物出版社1979年版，第130、135页。鲁琪、葛英会：《北京市出土文物展览巡礼》，《文物》1979年第4期。

2　河北省博物馆文管处：《河北省出土文物选集》，1980年。

3　郭大顺：《试论魏营子类型》，《考古学文化论集》（一），北京：文物出版社1987年版，第85页。

4　郭勇：《石楼后兰家沟发现商周铜器简报》，《文物》1962年第4、5期。

5　石楼县文化馆：《山西永和发现殷代铜器》，《考古》1977年第5期。

6　谢青山、杨绍舜：《山西吕梁县石楼镇又发现铜器》，《文物》1960年第7期。

图三 黄金弓形饰（保德林遮峪）

（11）山西保德县林遮峪。

在山西保德县林遮峪发现了与殷墟式青铜器共存的黄金"弓形饰"2件（图三）[1]，素面，两尖端各一穿孔，一件高11.1厘米、宽26厘米、厚0.5厘米，一件高13厘米、宽29.1厘米、厚0.5厘米，另有金丝6根。

从以上中国北方地区商代黄金制品的出土情况，可以看出它们具有两个明显的共性：第一，它们都出土于墓葬（殷墟金块除外）；第二，它们都是作为装饰品（人体装饰物或器具饰件）来使用的（金块除外）。从墓葬的角度上看，尽管对于山西保德、石楼、永和等处出土点的墓地情况，目前还了解得很少，但包括青铜器和黄金饰物均属墓葬的随葬品，则是可以肯定的[2]，而其他地点出土的黄金制品都确凿无疑地出于墓葬。从装饰品的角度上看，安阳后冈M47出土的黄金叶，是与绿松石、蚌片等一道组成的圆形饰物，显然是装饰在木器或其他易朽器物上的遗痕。[3]至于藁城台西M14出土的金箔片，原来也是漆盒上的饰件，这从出土的漆盒尚见痕迹便一望可知。[4]金叶和金箔片虽然在用途上并不与其他地点所出作为人体装饰物的金臂钏、金耳环、金笄、金"弓形饰"（疑似弓形头饰）等相同，但从作为装饰品这个意义上说，它们则是共同的、一致的。

然而，由于地域、民族和文化区系的不同，商代北方地区的黄金制品又存在着一些明显的差别。下面对此加以扼要分析讨论。

金箔见于藁城台西、平谷刘家河和山东苏埠屯商墓，郑州商城、殷墟、辉县琉璃阁等地出土的金叶其实也属金箔一类，不过切割成叶形而已。殷墟出土的金块，大概是供进一步加工捶制成金箔的材料。除此而外，北方其他地区尚未发现商代金箔。藁城台西就其文化面貌看，与商文化差别很少，应属商文

1　吴振录：《保德县新发现的殷代青铜器》，《文物》1972年第4期。

2　中国社会科学院考古研究所：《新中国的考古发现和研究》，北京：文物出版社1984年版，第241页。林沄：《商文化青铜器与北方地区青铜器关系之再研究》，《考古学文化论集》（一），北京：文物出版社1987年版，第130页。

3　邹衡：《商周考古》，北京：文物出版社1979年版，第101页。

4　河北省文物考古研究所：《藁城台西商代遗址》，北京：文物出版社1985年版，第148页。

化的亚区。平谷刘家河就其青铜器看，更接近于安阳殷墟早期墓葬中所出的同类器形[1]，应为服属于商王朝的方国遗存。平谷刘家河位于燕山南麓，在商周二代均属所谓"北土"。《左传》昭公九年记载詹桓伯说："及武王克商，……肃慎、燕、亳，吾北土也。"大概刘家河出土的青铜器和黄金制品就是商代燕（北燕）的文化遗存。由此看来，北方的金箔均出于商文化区和与之密切相关的方国，其他文化区域则未见，这似乎意味着殷人和殷商文化有制作金箔的习俗，而北方其他文化则没有这种传统。

出土金臂钏的北京平谷刘家河与辽宁喀左和尚沟在文化面貌上差别很大。喀左和尚沟墓地属于燕山以北、长城以外介于夏家店下层文化与夏家店上层文化之间的魏营子类型[2]，年代为商末周初，晚于刘家河墓葬。而在夏家店下层文化中，除和尚沟墓地出土两端作扇面形的金臂钏外，其他地点迄未发现，也没有发现同类别的青铜或其他质料的臂钏。这种情况表明，燕山以北大小凌河流域魏营子类型的金臂钏，是由燕山南麓平谷刘家河传播而至的。关于这一点，如果联系到1961年在宁城南山根属于夏家店上层文化的石棺墓 M101 内发现的金臂钏来看，将会更加清楚。

南山根 M101 内出土的金臂钏，两端也作扇面形[3]，其形制与刘家河和和尚沟所出大体相同，所不同的仅在南山根 M101 金钏的两端是相对接的（图一：3），而刘家河和和尚沟金钏则不合缝对接。不过由此却可以很清楚地看出，夏家店上层文化的金臂钏显然是从魏营子类型演变而来。可见，不论在地域传递关系、形制演变关系还是时代早晚关系上，都可以说明两端扇面形金臂钏从燕山南麓向燕山以北、长城以外发展的事实，而不是相反。至于燕山以南河北卢龙东阚各庄出土的金臂钏，从其形制与刘家河所出相同，以及年代晚于刘家河等情况分析，可以认为是刘家河金臂钏向其东南方向邻近方国发展的结果。

金耳饰根据其形制可在地域和文化上分为两个系统，一个系统是燕山以南、长城以内的夏家店下层文化的喇叭形金耳饰，另一个系统是太行山以西黄河东岸的商代方国文化的穿珠式金耳饰，两个系统的金耳饰在形制上完全不同。

黄河东岸山西石楼、永和等地出土的穿珠式金耳饰，均与殷墟式青铜器同出，表明它们是太行山以西黄河东岸的商王朝方国的文化遗存，可能与商代的"鬼方"有关。[4] 古文献多见"鬼方"和"伐鬼方"的记载，《易·既济九三》说："高宗伐鬼方，三年克之。"《易·未济九四》《后汉书·西羌传》引《竹书纪年》等记载略同。高宗是殷王武丁庙号，武丁时殷王朝西伐至太行山以西地区，使商文化扩张到黄河东岸，"邦畿千里，维民所止，肇域彼四海"[5]，这一史实与该区多次发现殷墟式青铜器的现象恰相一致，

---

1 中国社会科学院考古研究所：《新中国的考古发现和研究》，北京：文物出版社 1984 年版，第 240 页。

2 郭大顺：《试论魏营子类型》，《考古学文化论集》（一），北京：文物出版社 1987 年版，第 79-98 页。

3 中国社会科学院考古研究所内蒙古工作队：《宁城南山根发掘报告》，《考古学报》1975 年第 1 期。

4 山西省文物工作委员会：《建国以来山西省考古和文物保护工作的成果》，《文物考古工作三十年 (1949—1979)》，北京：文物出版社 1979 年版，第 58 页。

5 《诗经·商颂·玄鸟》。

是很能说明问题的。不过，山西黄河东岸出土的穿珠式金耳饰，却绝不见于商文化和商代其他文化，表明是该区方国文化有特色的地方产物。有学者认为山西黄河东岸各地与金耳饰同出的一些青铜器具有斯基泰文化（Scythian Culture）的特征。可是斯基泰文化的形成年代，一般认为仅能追溯到公元前7世纪[1]，远远晚于殷墟文化的年代，可见此说完全不能成立，而穿珠式金耳饰也与斯基泰文化完全没有关系。

至于燕山南麓、长城以内的北京平谷刘家河和昌平雪山村出土的喇叭形金耳饰，两者形制相同，应属同一系统。考虑到喇叭形青铜耳饰是燕山以南夏家店下层文化的典型饰物（图二），在河北大厂大坨头[2]、天津蓟县（今蓟州区）张家园[3]、围坊[4]、北京昌平雪山[5]、房山琉璃河刘李店[6]、河北唐山大城山[7]、小官庄[8]等地均有发现，因而燕山南麓所出与此相类的喇叭形金耳饰就完全有可能脱胎于夏家店下层文化的喇叭形青铜耳饰。虽然，这两种耳饰在形制上也存在一点差异，金耳饰的柄部做0形，青铜耳饰的柄部做倒U形，但这种差异所体现的是同一文化中同类制品的早晚变化关系，而不是异质文化之间的关系。正如张忠培等先生所分析的那样，较早的喇叭形耳饰的柄呈倒U形，较晚的出现了0形柄，而形制与青铜耳饰相同的金质耳饰，出现在较晚的阶段。[9]所以，喇叭形金耳饰应为夏家店下层文化的产物，平谷刘家河出土的这种金耳饰，应来源于夏家店下层文化。这种情况表明，喇叭形金耳饰这种文化因素的流动方向，恰与上文所论两端扇面形金臂钏的流动方向相反，不是从刘家河墓葬流向夏家店下层文化，而是从夏家店下层文化流向刘家河墓葬，诚可谓相反相成。

至于出土于太行山以西黄河东岸山西保德的黄金"弓形饰"，则在商代的黄金制品中独树一帜，除此而外的其他地区均未发现这类制品，迄今尚无可以进行比较研究的材料。大概如同分布于与之相距不远的穿珠式金耳饰一样，黄金"弓形饰"同样也是该区方国文化有特色的地方产物。

从以上的分析讨论中可以初步总结出商代黄金制品北方诸系统的几个特点：

第一，中原商文化区的金箔系统，其分布空间大体上在燕山以南的华北平原范围内，并向东伸展到山东半岛西部边缘。

1 莫润先：《斯基泰文化》，《中国大百科全书·考古学》，北京：中国大百科全书出版社1986年版，第482、483页。
2 天津市文化局考古发掘队：《河北大厂回族自治县大坨头遗址试掘简报》，《考古》1966年第1期。
3 天津市文物管理处：《天津蓟县张家园遗址试掘简报》，《文物资料丛刊》第1辑，北京：文物出版社1977年版。
4 天津市文物管理处考古队：《天津蓟县围坊遗址发掘报告》，《考古》1983年第10期。
5 鲁琪、葛英会：《北京市出土文物展览巡礼》，《文物》1979年第4期。
6 北京市文物管理处、中国科学院考古研究所、房山县文教局琉璃河考古工作队：《北京琉璃河夏家店下层文化墓葬》，《考古》1976年第1期。
7 河北省文物管理委员会：《河北唐山市大城山遗址发掘报告》，《考古学报》1959年第3期。
8 安志敏：《唐山石棺墓及其相关的遗物》，《考古学报》第7册，1954年。
9 张忠培、孔哲生、张文军、陈雍：《夏家店下层文化研究》，《考古学文化论集》(一)，北京：文物出版社1987年版，第68页。

第二，燕山南麓、长城以内平谷刘家河的两端扇面形金臂钏系统，这个系统有着向燕山以北、长城以外作历时性辐射的发展趋势。

第三，燕山南麓夏家店下层文化的喇叭形金耳饰系统，这个系统与同一文化的青铜喇叭形耳饰具有发展演变的密切关系。

第四，太行山以西黄河东岸的穿珠式金耳饰和黄金"弓形饰"系统，这个系统既没有东跨太行，也没有西越黄河，而是自成一系，与其他系统之间不存在交流传播关系。

总的说来，商代北方地区的黄金制品主要分布在黄河以东的华北平原及其北侧和西侧，而以西侧尤其北侧的燕山南麓为发达，制作较精，水平甚高。不过，诸系都存在数量不丰，种类不多，形体较小等特点。与同一时期的青铜器相比，北方诸系统的黄金制品明显地处于较低的发展水平，地位也远在青铜器之下。

二、三星堆文化：商代黄金制品的南方系统

迄今为止的考古资料表明，商代南方的黄金制品集中分布在西南地区四川广汉三星堆和成都市金沙遗址。

广汉位于横断山纵谷东侧的成都平原中部，水网密布，生态良好。1986 年夏在广汉三星堆遗址相继发现两个祭祀坑，出土大批青铜、黄金、玉石制品以及大量象牙和海贝。[1] 其中的各种黄金制品多达数十件，一号坑计出 4 件，二号坑计出 61 件，另有金箔残片残屑等 191.29 克，还有 4 件粘贴于青铜人头像上的金面罩[2]，可谓全国现已发现的商代遗址中出土黄金制品最为丰富的，其数量超过北方诸系统出土量的总和。三星堆黄金制品的年代，可以根据祭祀坑青铜器的年代予以确定。三星堆祭祀坑的年代，一号坑的下埋年代相当于殷墟一期，其中青铜器的年代在二里冈上层一、二期与殷墟一期偏早阶段之间，二号坑的下埋年代约在殷墟三、四期之间，其中青铜器的年代均在殷墟二期的年代以内。[3] 因此，与两个祭祀坑内青铜器密不可分的黄金制品的年代，可以分别确定为商代中期和商代晚期。

成都市金沙村遗址位于成都市区西部，从 2001 年 2 月发掘至 2002 年中，共出土金器 40 余件，器类主要有人面像、射鱼纹带、四鸟绕日饰、鸟首鱼纹带、喇叭形器、盒形器、球拍形器、鱼形器以及大量器物残片等，其年代约为晚商到西周。[4] 金沙遗址所出金器，有些与三星堆所出极似，可归于三星堆文

1　四川省文物管理委员会等：《广汉三星堆遗址一号祭祀坑发掘简报》，《文物》1987 年第 10 期。四川省文物管理委员会等：《广汉三星堆遗址二号祭祀坑发掘简报》，《文物》1989 年第 5 期。

2　四川省文物考古研究所：《三星堆祭祀坑》，北京：文物出版社 1999 年版。

3　陈德安：《三星堆遗址的发现与研究》，《中华文化论坛》1998 年第 2 期。

4　成都市文物考古研究所、北京大学考古文博学院：《金沙淘珍——成都市金沙村遗址出土文物》，北京：文物出版社 2002 年版。

化系统，另有一些则不见于三星堆文化，由于对其具体年代尚不能完全确定，本文暂不予以列举。

三星堆出土的各种黄金制品，根据发掘报告[1]，主要有如下种类：

（1）金杖（K1：1）。

1件，用纯金皮包卷木芯而成，长143厘米、直径2.3厘米、重463克。杖的上端有一段46厘米长的平雕图案，分为三组，用双勾法雕刻出鱼、鸟、人头、羽箭等图案（图四）。

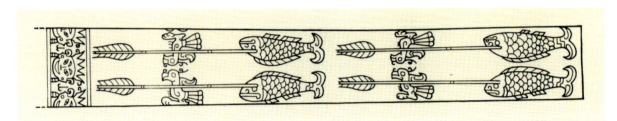

图四 三星堆金杖（局部）

（2）金面罩。

7件，均用纯金皮模压而成，双眉，双眼镂空，鼻部凸起。其中4件分别粘贴在青铜人头像面部（图五至八），3件当为从青铜人头像面部脱落者。这3件脱落的金面罩与青铜人头像面部大小相似，一件（K1：282）残宽21.5厘米、高11.3厘米，重19.62克（图九：1）；一件（K2：147）残为两半，一耳残缺，宽23.2厘米、高9.6厘米，重29.36克（图九：2）；另一件（K2：62-1）残损过甚，仅残面部的一侧，残宽19.3厘米、高12.2厘米。

（3）金果枝（K2③：322-6，K2③：322-51）。

二号坑出土的小神树，果柄有数处用金箔包卷。从这种现象分析，果枝原本均有金箔包卷，是典型的金枝（图一〇：1、2）。

（4）璋形金箔饰。

14件，分A、B两型，A型2件，B型12件，共重10.15克（图一〇：3、4）。

（5）虎形金箔饰（K1：11-1）

1件，通身模压目形斑纹，高6.7厘米、长11.6厘米，重7.27克（图一〇：5）。

（6）鱼形金箔饰。

19件，分大号和小号两种，大号5件，小号14件，共重44.81克（图一〇：6、7）。

---

1 四川省文物考古研究所：《三星堆祭祀坑》，北京：文物出版社1999年版。以下引此，不再一一注明。

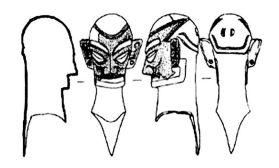

图五 三星堆金面罩铜人头像（K2②：214）

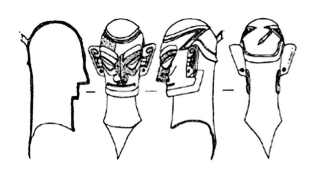

图六 三星堆金面罩铜人头像（K2②：137）

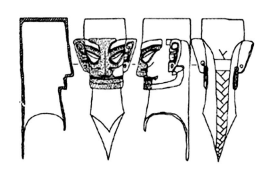

图七 三星堆金面罩铜人头像（K2②：115）

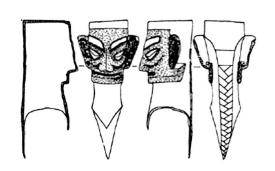

图八 三星堆金面罩铜人头像（K2②：45）

图九 三星堆金面罩 1.K1：282　2.K2③:147

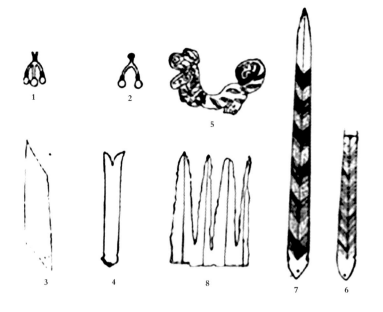

图一〇 三星堆黄金制品
1、2—金果枝
3、4—璋形金箔饰
5—虎形金箔饰
6、7—鱼形金箔饰
8—金箔四叉形器

（7）金箔带饰。

有宽、窄两种，宽带饰残为 6 片，重 10.82 克，窄带饰有两种共 13 件，共重 37.58 克。

（8）圆形箔饰。

6 件，大小相同，直径 2.1 厘米，圆心处有一小圆穿，共重 4.37 克。

（9）四叉形器（2：120）。

1 件，宽 6.9 厘米、高 9.4 厘米，重 6.02 克（图一〇：8）。

（10）金箔残片。

5 件，形制不规整，共重 14.20 克。

（11）金箔残屑。

56 片，重 14.90 克。

（12）金料块（K1：39）。

1 块，长 11.9 厘米，宽 4.4 厘米，厚 0.2～0.5 厘米，重 170.44 克。

从上述三星堆文化黄金制品的形制、出土情况尤其它们与大型青铜制品群密不可分的关系等情况，很容易看出它们具有几个明显的特点：第一，数量多，达到近百件（片），在商代中国首屈一指。第二，形体大，尤以金杖、金面罩为商代中国黄金制品之最。第三，种类丰富，为北方系统各系所不及。第四，均与实用器或装饰用品无关，而与大型礼仪、祭典和祭祀仪式有关，或与王权（政治权力）、神权（宗教权力）和财富垄断权（经济权力）的象征系统有关。[1]

1　段渝：《商代蜀国青铜雕像文化来源和功能之再探讨》，《四川大学学报》1991 年第 2 期。

三星堆文化黄金制品中最重要的种类是金杖和金面罩。这两种制品的文化形式在商代中国的其他任何文化区都绝无发现，即今在以三星堆遗址为代表的整个古蜀文化区也是绝无仅有。这种情况应当特别引起我们的重视。此外，数尊金面青铜人头像和数十尊青铜人头像、立人像、跪坐人像、顶尊人像、鸟足人像、神坛、神殿以及各种青铜面具、神树、眼形饰等，也与金杖、金面罩相同，都是为商代中国包括古蜀文化区所仅见。根据笔者对金杖、金面罩的起源、形制、功能体系、象征系统和艺术风格等方面所做的比较研究，三星堆文化的金杖、金面罩等文化形式，很有可能是通过古代印度地区和中亚的途径，从古代的西南夷道、蜀身毒道、滇缅道，经云南、缅甸、印度、巴基斯坦、阿富汗等地区，采借吸收了西亚近东文明的类似文化因素，而由古代蜀人按照自身的文化传统加以改造创新而成的，它们反映了商代中国西南与南亚、中亚和西亚古代文化之间的交流关系。[1]

关于三星堆文化的黄金制品，还有一些问题需要提出讨论，这里仅扼要讨论金面罩与青铜人头像的关系，以及耳饰、腕饰、脚镯等问题。

据发掘报告，三星堆一号祭祀坑出土金面罩1件，二号坑出土金面罩2件，另在二号坑出土的4尊青铜人头像面部覆盖（粘贴）有金面罩。学术界普遍认为，这几件金面罩原来应是粘贴在青铜人头像面部之上的。有学者进一步认为，三星堆青铜人头像的脸庞原来都可能覆有金面罩，只是大部分已损毁。[2]这个问题还可以进一步深入探讨。从出土的3件金面罩本身，目前还无从分辨出它们各自原来粘贴在哪种型式的青铜人头像脸部，所以还无法判定是否每一型式每一尊青铜人头像脸部原来都被覆以金面罩。

从二号坑出土的4尊戴有金面罩的青铜人头像分析，可以分作A、B、C三型（发掘报告分作A、B两型，每型各2尊），A型2尊，B、C两型各1尊。A型（K2②：214，K2：137）为戴金面罩青铜圆头型人头像（图五、六）。B型（K2②：115）为戴金面罩青铜长脸型人头像（图七）。C型（K2②：45）为戴金面罩青铜长方脸型人头像（图八），面像与青铜大立人像（K2②：49、150）相同，而与B型有别。这三型戴金面罩青铜人头像，在与各自型式相同但未戴金面罩的青铜人头像中都只占有很小甚至极小比例，如C型头像共有37尊，但戴金面罩者只有1尊。至于除此三型以外的其他各型青铜人头像，则均未发现戴金面罩的痕迹。这是否意味着只有这三型青铜人头像当中的某几尊才覆有金面罩，而其他则否呢？或是由于人头像的制作有早晚之别，而其粘贴金面罩的习俗因时而异了呢？这个问题目前还没有可供进一步分析研究的材料，只能存疑不论，留待来者。

三星堆黄金面罩在两耳垂部留有穿孔，戴金面罩青铜人头像以及其他各种青铜人头像、人面像和立

---

1 段渝：《巴蜀是华夏文化的又一个起源地》，《社会科学报》1989年10月19日；《古蜀文明富于世界性特征》，《社会科学报》1990年3月15日；《商代蜀国青铜雕像文化来源和功能之再探讨》，《四川大学学报》1991年第2期；《论商代长江上游川西平原青铜文化与华北和世界古文明的关系》，《东南文化》1993年第2期；《支那名称起源之再研究—论支那名称本源于蜀之成都》，载《中国西南的古代交通与文化》，成都：四川大学出版社1994年版。
2 林向：《三星堆青铜艺术的人物造型研究》，《中华文化论坛》2000年第3期。

人像，都在两耳垂留有穿孔，显然是作为佩戴耳饰之用的，但耳饰的实物迄无发现。不过，从三星堆金杖平雕图案中的人头像（图四）和玉璋（K2②：201-4）阴刻图案中的人像上，可以知道三星堆文化至少有两种耳饰形制：一种是铃形耳饰（金杖、石璋），铃身有两道弦纹，另一种是双环形（或套环形）耳饰（石璋）。由于这几种人像、人头像均为写实之作，所以它们佩戴的两种耳饰原也应有实物存在，惜已损毁无存，自然也就无从知道原物是用黄金、青铜或是其他金属材料制成。

从形状上看，三星堆铃形耳饰和双环形耳饰均不同于燕山南麓夏家店下层文化的喇叭形耳饰和长城以外北方草原的双环叠压形耳饰，也绝不同于太行山以西黄河东岸的穿珠式耳饰，而是自身发展起来的一个系统。

三星堆的腕饰和脚镯见于青铜大立人像（图一），双手腕各戴腕饰三个，素面无纹饰，双脚踝处各戴方格形脚镯一个。由于不是原物，所以无从获知腕饰和脚镯的原物是用什么材料制成的。不过，青铜立人像的腕饰较粗，显然与刘家河臂钏不同系，而青铜立人像的脚镯，则在北方诸系统中绝未见到。由此可以知道，三星堆的腕饰和脚镯也是与北方诸系统没有关系的。

以上分析讨论说明，与北方诸系统相比较，不论从种类、形制还是从功能、象征意义上看，三星堆文化的黄金制品都是自成一系的，完全看不到有受北方诸系统影响的任何迹象。这一结论，将有助于从一个重要侧面来阐明三星堆文化与商文化平行发展的历史事实。

图一一 三星堆青铜大立人
（K2②：149、150）

三、南北系统的技术异同

从技术特点上看，商代中国黄金制品的北方诸系统与南方系统之间有不少共同点，但也有若干差异。

黄金多以自然金，即生金的形态存在。[1]中国古代将金矿分为沙金和山金两种类型，沙金有"水沙中"淘洗的沙金和"平地掘井"开采的沙金两种，山金则有残积、坡积沙金矿床、古沙金矿床和脉金等三种。

1　R. F. Tyiecote, *A History of Metallurgy*, 1976.

早期的采金技术，一般都是"沙里淘金"[1]，也有学者认为应是利用地表的天然金块[2]。不管哪一种采金方法，都必须将自然金先行熔化或熔合，此后才能制器或进一步施以各种加工。自然金不可能不经熔炼，那种认为用铅杆将金砂锤成颗块是没有根据的。[3] 这表明，商代中国黄金制品的南北系统，都是在掌握了黄金开采技术和自然金熔炼技术以后兴起的。

从黄金的熔炼方面看，黄金的熔点为 1063℃，比纯铜的熔点 1083℃稍低，而比青铜的熔点要高。商代已是青铜时代的高级发展阶段，它是在掌握了纯铜冶炼术的基础上发展而来的。在二里头遗址三区发现的一件铜锈[4]，含铜 98%，几乎接近纯铜。[5] 在郑州二里冈铸铜遗址和同一时期的湖北盘龙城铸铜遗址均发现了炼铜原料铜矿石或孔雀石（氧化矿物）[6]，在湖南石门皂市相当于从二里冈到晚商的遗址内还发现过不少铜块[7]，殷墟发掘中也常常发现孔雀石，其中最重的一块达 18.8 千克。[8] 在广汉三星堆祭祀坑中，曾出土大量翻模铸范用的泥芯（内范）及青铜熔渣结核，遗址内还出土大量厚胎夹砂坩埚[9]，证明当地曾有大型青铜器铸造中心，并意味着三星堆文化已达到首先炼出金属铜、锡，再将金属铜、锡同炉而冶的青铜时代高级阶段[10]，表明早已掌握了纯铜冶炼技术，为黄金熔炼准备了温度和技术条件。因此，商代中国南北系统均已掌握了黄金熔炼技术，这是毫无疑问的。安阳殷墟和广汉三星堆均出土了金块，均是将自然金熔化后铸成块状的，确凿无疑地表明了这一事实。由此还可以看出，中国早期黄金制品的制作，是在进入青铜时代以后，而不是以前。

在黄金制品的最早阶段，一般是直接将沙金在坩埚中熔化后铸成小件饰物，经过相当的发展后，才有可能进一步发展出捶制技术。这一点，已为玉门火烧沟夏代黄金"鼻饮"、耳环均非捶制品的情况所证实。平谷刘家河出土的金笄，从器表及断面观察，似为铸件。[11] 同出的两件臂钏系用 0.3 厘米的金条制成。与金笄相比，有可能金臂钏是先将沙金熔化铸成金条后，将两端捶成扇面形，然后弯曲而成的。同出的金箔残片则表明已掌握了捶制技术。昌平雪山村和平谷刘家河出土的喇叭形金耳饰亦当为铸件，其

1　北京钢铁学院《中国古代冶金》编写组：《中国古代冶金》，北京：文物出版社 1978 年版，第 95 页。夏湘蓉、李仲均、王根元：《中国古代矿业开发史》，北京：地质出版社 1980 年版，第 298 页，第 302-304 页。

2　R. F. Tyiecote, *A History of Metallurgy*, 1976.

3　华觉民：《中国古代金属技术——铜和铁造就的文明》，郑州：大象出版社 1999 年版，第 450-451 页。

4　中国科学院考古研究所二里头工作队：《河南偃师二里头遗址三一八区发掘简报》，《考古》1975 年 4 期。

5　中国社会科学院考古研究所：《新中国的考古发现和研究》，北京：文物出版社 1984 年版，第 324 页。

6　廖新民：《郑州发现的一处商代居民与铸造铜器遗址简介》，《文物》1957 年第 6 期。湖北省博物馆：《盘龙城商代二里冈期的青铜器》，《文物》1976 年第 2 期。

7　高至喜、熊传新：《湖南商周考古的新发现》，《光明日报》1979 年 1 月 24 日。

8　刘屿霞：《殷代冶铜术之研究》，《安阳发掘报告》1933 年第 4 期。

9　陈显丹：《论广汉三星堆遗址的性质》，《四川文物》1988 年第 4 期。

10　段渝：《四川通史》第 1 册，成都：四川大学出版社 1993 年版，第 105 页。

11　北京市文物管理处：《北京市平谷县发现商代墓葬》，《文物》1977 年第 11 期。

制作方法当与夏家店下层文化出土的同形青铜耳饰相同。喀左和尚沟出土的两端扇面形金臂钏，其制作方法应同于刘家河，先铸造而后施以捶打。至于安阳殷墟和藁城台西发现的金叶和金箔，则均为捶打后切片而成的，台西金箔还出现了模压云雷纹的技术，在工艺上比上几例均更成熟一些。可见，北方诸系统在技术上都已超过了黄金制品的初期阶段，但发展不平衡，燕山南北以范铸为主，商文化及其亚区以先范铸后捶制为主。显然，商文化的发展水平更高。

与北方诸系统相比，南方系统三星堆文化的黄金制品在技术和加工工艺发展上显得水平更高一些，制作也更为精湛。比如金杖，根据其长度和直径计算，其金皮的展开面积为 1026 平方厘米。如此之大的金皮，又捶制得如此平整、伸展，在那一些时代实属罕见，说明三星堆文化时期蜀人对黄金良好的延性和展性等物理性能已有了充分认识。除捶制外，三星堆黄金制品还较多地运用了包卷、粘贴、模压、雕刻、镂空等深加工工艺和技术。再从金杖表面的平整度和光洁度分析，当时可能还运用了表面砑光工艺。它们无疑是中国古代黄金加工工艺和技术充分发展的科学结晶。

三星堆文化黄金制品的制作技术和加工工艺，有一些是商代北方系统所没有的，如雕刻、镂空、包金等技术，在北方系统的黄金制品中还没有发现。北方系统中包金的最早实例，目前所见资料似为浚县辛村西周早期卫墓所出矛柄和车衡端的包金以及兽面饰包金和铜泡。[1]这种情况似可说明，商代北方系统的黄金制品在技术和工艺水平上逊色于南方系统三星堆文化。这与北方系统尤其商文化高度发达的青铜器制作技术和工艺形成了强烈的反差。而这种差异，很大程度上是由黄金制品在南北系统中的功能差异所决定的。

四、南北系统的功能差异

从南北系统各自出土的黄金制品看，它们在功能上的差异是一目了然的。

在北方诸系统中，燕山南麓和长城以外北方草原地区的两端扇面形金臂钏系统、喇叭形金耳饰系统，以及太行山以西黄河东岸的穿珠式金耳饰和黄金"弓形饰"（疑为弓形头饰）系统，其黄金制品的唯一功能在于人体装饰。考虑到这些黄金制品多半从相同种类的青铜制品脱胎而来，因此可以基本论定，它们是作为那些相同种类青铜制品的艺术补充被加以看待、加以使用的。当然，从另一个角度上看，也可以认为它们是相同种类青铜艺术的新发展。但不管怎样，它们的功能是人体装饰，属于生活用品，所反映的是审美观念，而不是意识形态观念。不过，从价值观上看，由于黄金制品的出土量普遍少于相同种类青铜制品的出土量，而且年代也较之为晚，因而就有可能反映了这几个系统已把黄金视为稀世之珍那样一种新的价值取向。

安阳殷墟和藁城台西属于金箔系统。在这个系统中，黄金制品虽是新出之物，但不论其作用还是地

1　郭宝钧：《浚县辛村》，北京：科学出版社 1964 年版，第 61 页。

位都远在青铜制品之下。殷墟和台西的金箔均出土于墓葬，从出土位置看，这些金箔均是充作墓内木器或漆器上所附饰件之用的，既不在墓的中心位置，更无法与墓内形制丰富、制作精良而洋洋大观的各式青铜制品相比。而且，台西墓地中出土金箔的 M14，其墓主属于中下层统治者阶级，其身份是"巫医"[1]，相反，在大型墓内却无黄金制品出土，这也证明黄金制品的地位远在青铜制品之下。

事实上，商文化区出土黄金制品的数量是十分稀少的，绝大多数商墓内都没有黄金制品出土，就连生前地位十分显赫的殷王武丁之妻妇好的墓内，也没有发现黄金制品，而在殷王室的文字档案甲骨文中，也全然没有关于贡纳、掠夺或使用黄金的片言只字记载。这种现象，无疑意味着商文化对于黄金持一种比较冷漠的态度，其价值取向并不倾向于黄金，而是倾向于富于传统的青铜。

与北方诸系统形成鲜明对照的是，黄金制品在南方系统三星堆文化中据有极高、极优越的地位，其地位甚至超乎青铜制品之上。关于这一点，可以从对金杖、金面罩功能的分析中获得足够清楚的认识。[2]在三星堆文化这个神权政体中，金杖是国家权力的象征物，代表着实际的政治权力，是集神权（意识形态权力）、王权（政治权力）和财权（经济垄断权力）为一体的最高权力的象征。而在商文化中，象征国家最高权力的是用青铜制成的"九鼎"。在三星堆文化中，即使是用青铜制成的各级统治者即所谓"群巫"的头像，也要在面孔上覆以金面罩来显示其高贵和尊崇。而在商文化中，黄金只配充作木器一类的附属饰件。由此不难看出两者之间重要的系统差异。十分明显，商文化和三星堆文化对于青铜与黄金的不同价值取向，恰恰是两个不同文化系统的不同价值观念的不同反映。

最后需要指出，商文化与三星堆文化之间的上述差异，并不表示两者文明发展水平的高低，只是反映了两者价值取向的不同。在"国之大事，在祀与戎"[3]的时代，人们赋予黄金和青铜不同的文化内涵和价值，是完全可以理解的，尤其不同文化之间所存在的这种差异，当更无足怪。因此，商代南北系统黄金制品的功能差异，其实质是价值取向和价值观念的差异。而这种差异，是由系统间不同的价值取向和价值观念所决定的。

本文刊于《考古与文物》2004 年第 2 期，

经作者授权收入本书。

1　河北省文物研究所：《藁城台西商代遗址》，北京：文物出版社 1985 年版，第 146-149 页。

2　段渝：《商代蜀国青铜雕像文化来源和功能之再探讨》，《四川大学学报》1991 年第 2 期；《论商代长江上游川西平原青铜文化与华北和世界古文明的关系》，《东南文化》1993 年第 2 期；《政治结构与文化模式——巴蜀古代文明研究》，北京：学林出版社 1999 年版，第 83-141 页。

3　《左传·成公十三年》。

"执镜俑"所执为纨扇考

郭军涛

四川博物院

汉代墓葬随葬的陶俑中（部分晚至蜀汉时期），有一类其左手或者右手执有一圆形物，或坐或立，学界一般将之名为"执镜俑"。已有多位学者对此类陶俑做过考证，认为其应该为"执扇俑"[1]，手中所执之物当为扇，本文赞同此观点。

笔者因工作之故，近距离观摩了四川博物院所藏的数件"执镜俑"，认为研究尚可再深入。在已有研究的基础上，本文尽可能全面搜集与"执镜俑"相关的考古文物资料，再结合其他相关资料，试对此问题再做梳理。

一、"执镜俑"的考古发现及分类

首先，本文对已公布的"执镜俑"做一统计，列表如下：

表一　出土"执镜俑"统计一览表

出土单位	墓葬形制	性别 / 造型	时代	资料来源
双流青岗村 M6	砖室墓	女 / 坐式	东汉初至中晚	《成都考古发现》2010
新都马家山 M2	崖墓	女 / 立式 / 执物不明	东汉晚期	《文物资料丛刊》第 9 辑
新都马家山 M4	崖墓	女 / 坐式	东汉晚期	《文物资料丛刊》第 9 辑
成都天回山 M3	崖墓	女 / 立式 / 提履	东汉晚期	《考古学报》1958 年第 1 期，图一右一
新都马家山 M22	崖墓	女 / 立式 / 提履	东汉	《四川文物》1984 年第 4 期

---

1 郑岩：《中国表情：文物所见古代中国人的风貌》，成都：四川人民出版社 2004 年版，第 70 页；任平山：《四川汉"执镜俑"当更名为"执扇俑"》，《中华文化画报》2013 年第 10 期；张琴：《汉代"执镜俑"定名刍议》，《文物天地》2018 年 3 期。

出土单位	墓葬形制	性别/造型	时代	资料来源
成都曾家包东汉墓	砖室墓	女/立式/提物不明	东汉晚期	《文物》1981年第10期
金堂李家梁子M23	砖室墓	女/坐式	东汉晚期	待刊，成都市文物考古研究所
遂宁东汉崖墓M5	崖墓	女/立式/提履	东汉中期	《考古》1994年第8期
宜宾市山谷祠M1	崖墓	女/立式/提物不明	东汉晚期	《文物资料丛刊》第9辑
开县红华村M1	崖墓	男/立式/抱琴	东汉晚至蜀汉	《考古与文物》1989年第1期
巫山麦沱M47	砖室墓	女/立式/提袋状物	东汉晚期	《考古学报》2005年第2期
忠县涂井M5	崖墓	女/立式/袋状物	蜀汉	《文物》1985年第7期
丰都杜家坝M1	砖室墓	女/立式/不明	蜀汉晚期	《丰都镇江汉至六朝墓葬群》2013年
丰都杜家包汉墓M2	砖室墓	男/立式/提袋状物	东汉中后期	《重庆库区考古报告集》1999年
重庆丰都槽坊沟M9	砖室墓	女/立式	东汉安帝时期	《重庆库区考古报告集》2001年
丰都包肚山墓地M6	砖室墓	男/立式/提袋状物 女/立式/遗失	蜀汉	《丰都镇江汉至六朝墓葬群》2013年
郫县宋家林东汉墓	砖室墓	女/坐式	东汉	四川博物院藏，图一左一
双流九倒拐崖墓	崖墓	立式/提袋状物	东汉	四川博物院藏，图一右二
绵阳出土		女/坐式	汉代	四川博物院藏
金堂青江东汉墓		坐式	东汉	四川博物院藏
成都天回山汉墓		立式/提履	东汉	四川博物院藏
金堂赵镇一致村		女/坐式	东汉	《金堂文物》，图一左二

　　四川博物院还收藏有一件女坐式"执镜俑"，数据库资料显示为成都将军碑唐大中九年墓出土，根据此俑特征判断，当为东汉时期陶俑，或可认为出土信息有误或是东汉陶俑随葬于唐代墓葬。

图一 执镜俑（左为坐式，右为立式）

图二 成都曾家包汉墓M1、M2墓门所见执镜俑

　　另外，跟"执镜俑"形象相同或相近的还可见于画像石之中。1966年山东费县垛庄镇潘家疃出土画像石之乐舞百戏画像中，最右侧女主人身后站一侍者，其手中执以圆形之物，似在摇扇。[1]1972年出土于山东临沂市白庄的画像石之乐舞、车马出行画像中，也可见手执圆形之物的形象。[2]山东嘉祥蔡氏园画像第3石上，一乘车者手中拿圆形之物[3]，沈从文先生认为是纨扇[4]。河南新密打虎亭汉墓壁画中也可见一女子手执圆形之物的图像。[5]1956年安徽省宿县褚兰一号墓前室西壁额枋之观舞图画像石中，有7位

1　中国画像石全集编辑委员会：《中国画像石全集3：山东汉画像石》，济南：山东美术出版社2000年版，图八六。

2　中国画像石全集编辑委员会：《中国画像石全集3：山东汉画像石》，济南：山东美术出版社2000年版，图七、八。

3　朱锡禄：《嘉祥画像石》，济南：山东美术出版社1992年版，第15页：图9。

4　沈从文：《扇子史话》，沈阳：万卷出版公司2005年版，第27页。

5　河南省文物研究所：《密县打虎亭汉墓》，北京：文物出版社1993年版。

舞者手执圆形物跳舞，前室东壁南端画像石中，也有 5 位手执圆形物的舞者；褚兰 2 号墓前室西壁，墓门南侧第 5 格画像石中，最右侧人一手执便面，另一手执圆形之物。[1] 1991 年安徽灵璧县九鼎镇发现一画像石中，第二层可见一男子手执便面居中，其身后左右两侧各有两个头戴花冠插发笄的女子，手中均执圆形之物。[2] 四川新津崖墓画像石中，可见有人斜握圆形物的画像，根据旁边榜题可知该形象当为墓主赵橡。[3] 成都曾家包汉墓 M1 西扇墓门背面和 M2 墓门外面就可见"执镜"画像，两者均为立像，前者为头挽高髻，身着广袖长服，左手"持镜"的女者形象；后者两扇门上均可见头挽高髻，广袖长服，"持镜"女者的形象（图二）。[4]

综合现有考古资料，我们可以看出来，"执镜俑"迄今仅见于川渝地区，时代均集中在东汉中晚期至蜀汉时期；能辨别性别者，以女性为主，也可见男性。根据"执镜俑"的造型，可将之分为坐俑和立俑两种：坐俑均为双膝屈而接地，臀股贴坐于双足跟上，上身保持端直，左手执拿圆形物于胸前，右手半握置于右膝之上；立俑均为右手执拿圆形之物，左手形态各异，可见有提袋者、提履者、抱琴形物者、执物不明或遗失者等。画像石中与"执镜俑"相近的形象在山东费县、临沂、嘉祥，安徽宿县、灵璧，四川成都、新津等地均可见，其造型以立式为主，而且可见将圆形之物作为舞蹈道具的，时代多集中于东汉时期。

图三　长沙马王堆 1 号汉墓出土铜镜

二、考古所见汉代铜镜的执拿方式

在搜集资料过程，笔者注意到，对于陶俑和画像石造像手中执拿之物的认识有铜镜[5]、团扇和鞶舞所执的扇鼓等几种说法。其中以铜镜最为普遍，考古简报、报告一般也将上述陶俑、画像石等称之为"执镜"形象。

汉代铜镜如何执拿和使用，根据资料是可以复原的，在梳理汉代出土与铜镜使用方法相关考古发现的基础上，本文试对汉代铜镜的使用方法做一考定。汉代铜镜的使用方法大致可分为揽镜自照和置镜于镜台上两种。

1　王步毅：《安徽宿县褚兰汉画像石墓》，《考古学报》1993 年第 4 期。

2　中国画像石全集编辑委员会：《中国画像石全集 4：江苏、安徽、浙江汉画像石》，济南：山东美术出版社 2000 年版，图一八〇。

3　中国画像石全集编辑委员会：《中国画像石全集 7：四川汉画像石》，郑州：河南美术出版社 2000 年版，图二二。

4　成都市文物管理处：《四川成都曾家包东汉画像砖石墓》，《文物》1981 年 10 期。

5　陈长虹：《汉魏六朝烈女图像研究》，北京：科学出版社 2016 年版。该书第五章中对与铜镜相关的画像石、陶俑等有论述。

前者一般均在镜钮上系组绲，使用时手执系于钮上之绦带。1973年湖南长沙马王堆1号墓出土龙纹铜镜一枚，镜钮之上的绶带保存完好[1]（图三），真实再现了西汉初期铜镜的使用方法。

除此而外，在画像石和墓葬壁画中，揽镜自照的形象也多有出现。此种形象以梁高行的故事最具代表性。据《列女传·贞顺传》所载：

高行者，梁之寡妇也。其为人荣于色而美于行。夫早死，寡不嫁。梁贵人多争欲取之者，不能得。梁王闻之，使相聘焉。高行曰："妾夫不幸早死，先狗马填沟壑，妾宜以身荐其棺椁。守养其幼孤，曾不得专意。贵人多求妾者，幸而得免，今王又重之。妾闻：'妇人之义，一往而不改，以全贞信之节。'今忘死而趋生，是不信也。见贵而忘贱，是不贞也。弃信而从利，无以为人。"乃援镜持刀以割其鼻曰："妾已刑矣。所以不死者，不忍幼弱之重孤也。王之求妾者，以其色也。今刑余之人，殆可释矣。"于是相以报，王大其义，高其行，乃复其身，尊其号曰高行……

图四　新津县邓双镇崖墓出土13号石棺梁高行故事

此故事在汉代画像石和墓葬壁画中多有出现。现在所见最早的是河南洛阳西汉晚期八里台壁画中[2]，此场景中两个人物，左侧女子左手举一面很大的镜子，右手执一剪刀清晰可见；右侧女子侧向左侧女子站立。根据画面中女子、镜子、剪刀等元素，可确定这幅画像讲述的就是梁高行故事。画像中镜钮上所系绶带清晰可见，女子手执绶带自照。有学者对汉魏六朝时期的梁高行、镜子和妇容做过专题研究[3]，认为铜镜是梁高行故事程式化必备的元素。梁高行故事还见于山东嘉祥武梁祠画像石中[4]，该画像有榜题，对于认识该题材大有裨益；四川新津县邓双镇崖墓出土13号石棺[5]（图四），四川新津崖墓出土崖棺[6]，邹城卧虎山M2北椁板外侧壁画像[7]等。以上梁高行形象铜镜执拿均可分辨出是手执镜钮，刻画精细者，镜钮所系绶带清晰可见。

1　湖南省博物馆、中国科学院考古研究所：《长沙马王堆一号汉墓》，北京：文物出版社1973年版，第128页：图版一七八。

2　[日]富田幸次郎：《波士顿美术馆藏中国画帖（汉至宋）》，剑桥：哈佛大学出版社1938年版。

3　陈长虹：《汉魏六朝烈女图像研究》，北京：科学出版社2016年版，第132-160页。

4　中国画像石全集编辑委员会：《中国画像石全集1：山东汉画像石》，济南：山东美术出版社2000年版，图八二、八五。

5　高文：《中国画像石馆全集》，太原：三晋出版社2011年版，第186-187页。

6　高文：《中国画像石馆全集》，太原：三晋出版社2011年版，第410-411页。

7　高文：《中国画像石馆全集》，太原：三晋出版社2011年版，第84页。

图五 山东沂南汉墓画像石所见镜架图像

汉晋绘画中还有一种照镜梳妆的图像，此类图像见于山东武梁祠前石室后壁小龛西壁[1]、嘉祥南武山祠堂正壁楼阁上层[2]、宋山3号小祠堂[3]，安徽灵璧县征集祠堂后壁画像石[4]、九鼎镇出土画像石上层画像[5]、河南南阳英庄墓[6]、南阳出土画像石[7]等，这些图像中同样可以清楚地看到，揽镜自照都是手执镜钮上所系绶带。

除了揽镜自照之外，当梳理鬓发、涂饰脂粉、簪戴首饰的场合，则须置镜于镜台上。此种图像见于山东沂南汉墓后室南部支撑过梁石的下格画像石中，可见左侧一人手执镜台（图五）。[8]成都羊子山M1中室画像石中梳妆场景中，帷幔左侧上方有一女子跽坐席上，其前面地面上摆放着一个镜台。[9]又1984年安徽马鞍山市朱然墓出土的贵族生活图漆盘上，中层梳妆图可见一女子跽坐于镜台前，对镜梳妆[10]；这一批漆器有些底部有"蜀郡作牢"铭文，故可知为四川地区所造，漆器所现场景应该是当时四川贵族生活的真实写照，还原了汉代四川地区女子将铜镜置于镜台上梳妆的实况。

现有考古发现中与镜架或镜台相关者，已知年代最早的镜台实物出土于湖北九连墩1号楚墓，属战国中晚期，墓葬出土镜台内置于便携式梳妆盒内，盒由两块木板雕凿铰接而成，器内相应部位挖空以置铜镜、木梳、脂盒，中下部上下各装一个可伸缩的支撑，以便承镜，构思巧妙，做工精致。[11]此内置式折

1　中国画像石全集编辑委员会：《中国画像石全集1：山东汉画像石》，济南：山东美术出版社2000年版，图六四。

2　中国画像石全集编辑委员会：《中国画像石全集2：山东汉画像石》，济南：山东美术出版社2000年版，图一三二。

3　中国画像石全集编辑委员会：《中国画像石全集2：山东汉画像石》，济南：山东美术出版社2000年版，图一〇五。

4　中国画像石全集编辑委员会：《中国画像石全集4：江苏、安徽、浙江汉画像石》，济南：山东美术出版社2000年版，图一七七。

5　中国画像石全集编辑委员会：《中国画像石全集4：江苏、安徽、浙江汉画像石》，济南：山东美术出版社2000年版，图一八二。

6　赵成甫：《河南南阳县英庄汉画像石墓》，《文物》1984年第3期。

7　中国画像石全集编辑委员会：《中国画像石全集6：河南汉画像石》，郑州：河南美术出版社2000年版，图二二二。

8　曾昭燏、蒋宝庚、黎忠义：《沂南古画像石墓发掘报告》，文化部文物管理局1956年版，图版77。

9　龚廷万、龚玉、戴嘉陵：《巴蜀汉代画像集》，北京：文物出版社1998年版，图82。.

10　安徽省文物考古研究所、马鞍山市文化局：《安徽马鞍山东吴朱然墓发掘简报》，《文物》1986年3期。

11　湖北省博物馆：《九连墩长江中游的楚国贵族大墓》，北京：文物出版社2007年版，第85页。

叠镜台不同于后世的独立镜台。

考古资料中所见汉代镜架有 1959 年
河北省定县北庄中山王刘焉墓，该墓出土
一件鎏金镶嵌绿松石云纹铜镜架[1]；1992—
1993 年，山东淄博商王村出土铜镜有一枚
可见竹制镜架[2]；2007 年重庆涪陵点易墓
地 3 号墓出土镜架，镜架附于镜背，为木
质束腰多棱杆，两件多面体束腰木杆形制

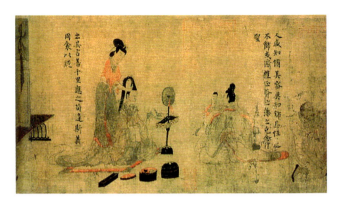
图六 《女史箴图》所见对镜梳妆图像

规整，一面上粘接有金属条状物，虽已炭化，但木质坚硬，长度各约为铜镜的半径，当是作为镜架使用。[3]
上海博物馆和美国奈尔逊艺术博物馆各藏有一件汉代凹槽式柱状镜台，二者形制相近，均底部为圆座，
中立支柱，柱顶分叉，扩展为左右对称的半圆弧形窄槽，两端饰龙头，铜镜嵌在槽里，可装可卸。[4]

此种使用方式还得到了魏晋时期考古资料的证实。《女史箴图》为南北朝时期的绘画作品，其所记
录的是去东汉不远的魏晋时期的生活场景，其中第四段场景"人咸知修其容"中，一立柱式镜台树立在
画面中心，从图像推测，铜镜是被穿过镜钮的短横条固定于镜架之上，镜台造型与沂南画像石一侍女手
中所执之物相似（图六）。这些考古资料和传世画作为我们真实地再现了汉魏时期镜台的使用方法和场景。

另外，春秋到西汉的铜镜中，有一类为有柄铜镜，在我国河南、云南、四川、西藏、新疆等地均有
出土。有学者对我国西南地区战国、西汉出土的有柄铜镜做过研究[5]，认为西南地区带柄镜的最初来源应
该与欧亚草原古代游牧民族有关。那么"执镜俑"及与之相关的图像中，圆形物是否有可能为有柄铜镜？
答案是否定的。因为在山东东平后屯壁画墓西壁墓门北侧上层壁画中，有梁高行故事的壁画，画中梁高
行手执的就为有柄铜镜。[6]

总而述之，汉晋时期画像石和壁画中所见的铜镜使用方法是置镜于镜台上和揽镜自照两种。为了使
观者不对铜镜产生误解，一般都会对铜镜镜钮上的绶带和执拿方式做特别的强调和表现，此种执拿方式
一直延续到了唐宋甚至更晚。

1　河北省文化局文物工作队：《河北定县北庄汉墓发掘报告》，《考古学报》1964 年 2 期。

2　淄博市博物馆、齐故城博物馆：《临淄商王墓地》，济南：齐鲁书社 1997 年版。

3　山东大学历史文化学院：《重庆涪陵点易墓地汉墓发掘简报》，《文物》2014 年 10 期。

4　胡佳麟：《镜映乾坤——罗伊德·扣岑先生捐赠铜镜精粹展》，《文物天地》2013 年第 1 期；Xiaoneng Yang.A
　　Han Bronze Mirror and Its Gilt Bronze Stand in the Nelson-Atkins Museum of Art, Oriental Art,1996:1.

5　霍巍：《从新出考古资料论我国西南的带柄铜镜问题》，《四川文物》2000 年第 2 期；《西藏曲贡村石室墓出
　　土的带柄铜镜及其相关问题初探》，《考古》1994 年第 7 期；《再论西藏带柄铜镜的有关问题》，《考古》
　　1997 年第 11 期。

6　山东省文物考古研究所、东平县文物管理所：《东平后屯汉代壁画墓》，北京：文物出版社 2010 年版。

通过观察可知，汉代无论是汉俑还是画像砖、画像石中的造型刻画，都是给观者以明确的信息，人们通过观察，可以确知相关造型是什么。仔细观察"执镜俑"，都是单手捏执所拿之物的下部，此种执拿方式表示所拿之物很轻。汉代铜镜实物都是有相当重量的，若按照"执镜俑"的执拿方式，基本是拿不稳的；加之铜镜在汉代还属珍贵之物，一般均装于镜匣之中，使用时才拿出来，将铜镜执拿于手中与常理不合，故从侧面可佐证"执镜俑"所执之物不是铜镜。另，"执镜俑"均将圆形物执于胸前，与所见铜镜执拿方式不同，若其所执为铜镜，此种执拿方式不能给人以确定的信息。可见将"执镜俑"及其相关图像中的圆形物视为铜镜，与现有考古资料不符。

三、"执镜俑"及其相关图像中的圆形物当为纨扇

前面已经说过，本文赞同"执镜俑"及其相关图像中的圆形物为扇，而且当为纨扇。根据相关文献记载，西汉成帝时的班婕妤有《怨歌行》五言古诗咏纨扇，可见用丝织品作纨扇可能早到西汉时期。沈从文先生对我国扇子史做过全面梳理，认为我国的扇子起源很早，但是具体的图像记录要到战国时期；两汉魏晋时期，便面是扇子的主流；"纨扇"即"团扇"，在汉代就已经出现，真正流行是在唐宋二代。[1]通过观察"执镜俑"和画像石中的相关形象，我们可见其手中所执圆形物有以下两个特点：一是用阴刻线刻画出圆形物的边框；二是刻画精美者，圆形物下部均有一条横线，明显是刻意为之。

安徽宿县褚兰汉墓所见画像石中，将手执圆形物体做跳舞状的图像名为"鼙舞"。"鼙"即"鞞"，《说文》曰："鞞，骑鼓也。"《释名》曰："鞞，裨也，裨助鼓节也。"《周礼·夏官·大司马》记载："旅帅执鞞。"可见，鼙鼓是中国古代军队中用的小鼓，汉以后亦名骑鼓。鼓的形象在汉画像石中有清楚的表现，如建鼓在画像石中多有出现，若鼙舞执之物为鼓，汉画中应该有确定的表现。安徽宿县褚兰汉墓所见鼙舞图像中，手中所拿圆形物的刻画方式与前述"执镜俑"所拿物品刻画方式一样，圆形物边缘均刻有一道阴线，下端五分之一处有一条横刻阴线，故二者当为同一物，不是鼙鼓。

1973年湖南长沙马王堆1号墓出土小竹扇1件（图七），墓中遣册称之为"小扇一锦缘"，竹扇骨和边缘裹以锦条；另有1件与小竹扇形制相同的大竹扇，遣册称之为"大扇一"。[2]此类器物既可以用来扇风取凉，出行若遇熟人不便招呼时，也可遮挡面部，故又称为"便面"，后世多以便面代称扇，二者实为一物。汉代陶俑、画像石、墓葬壁画中均可见拿方形便面的图像。[3]另外，安徽宿县褚兰东汉墓画像石中，可见方形便面与纨扇同时存在的图像（图八）。

1　沈从文：《扇子史话》，沈阳：万卷出版公司2005年版。

2　湖南省博物馆、中国科学院考古研究所：《长沙马王堆一号汉墓》，北京：文物出版社1973年版，第119页；图版二三四、二二九。

3　沈从文：《扇子史话》，沈阳：万卷出版公司2005年版，第25-42页；张琴：《汉代"执镜俑"定名刍议》，《文物天地》2018年3期。

图七　长沙马王堆一号墓出土小竹扇　　　　图八　安徽宿县褚兰二号墓画像石所见方形便面、纨扇图像

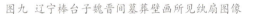

图九　辽宁棒台子魏晋间墓葬壁画所见纨扇图像　　图十　河南邓县南北朝墓出土妇出游画像砖

另外，我们还可以通过魏晋南北朝时期的相关图像来佐证"执镜俑"及其相关图像中圆形物是何物。辽宁棒台子魏晋间墓葬壁画中，女主人身后侍者手中执一圆形物，画面刻画逼真，可判断其为纨扇[1]（图九），此扇下半部分有道横线，横线以下区域涂黑，隐约可见扇柄固定于此区域。河南邓县（今邓州市）南北朝画像砖墓出土贵妇出游画像砖中，其中一贵妇手持纨扇[2]（图十），画面系凸弦纹刻画，真实地再现了当时纨扇的特征，下端那一条横线所划分出来的区域，正是固定扇柄的区域。

前文已述，部分刻画精美的圆形物有边框，下部有一条一刻意为之的横线，这些特征对于确定"执镜俑"手中所拿之物具有重要的标识性。我们从长沙马王堆一号墓出土竹扇可知，扇边缘均用锦条包边，那么圆形边框就应该是纨扇包边的表现；通过与南北朝时期纨扇图像的对比，可以确定，横线以下为固定扇面丝织物和安装扇柄的区域。故可证，"执镜俑"及其相关图像中圆形物为纨扇。

另外，"执镜俑"和相关的同类图像中，还没有可确定有柄者。这当是受造像材质所限，用陶土做扇柄易碎易断，十分困难；石材受雕刻工具所限，加之受画像石古拙风格的影响，对精细造型要求不高。即使如此，部分图像还是对标识圆形物用途的细部特征做了刻画和强调。

1　转引自沈从文：《扇子史话》，沈阳：万卷出版公司2005年版，第43页。

2　陈大章：《河南邓县发现北朝七色彩绘画象砖墓》，《文物参考资料》1958年第6期。

根据现有文献，有一个非常有意思的现象，从东汉开始到魏晋时期，文人咏诵扇的诗赋突然多了起来。据《北堂书钞》记载，汉晋时期班婕妤、班固、张衡、傅毅、曹植、陆机、潘岳等都曾有咏诵扇的诗赋。据这些诗赋可知，扇形或规或矩，即有圆有方，正好与"执镜俑"及其相关图像大量出现的时间相合。史书中有晋安帝节奢饰禁绢扇得记载，《晋书·安帝纪》云："（义熙元年）五月癸未，禁绢扇及挦蒲。"可见，纨扇在汉晋时期当时一种奢靡的物品，非常人所能使用，其在汉代虽已出现，但在魏晋时期并未流行，大流行要到唐宋时期。

结 语

通过以上梳理可以确定，"执镜俑"应该更名为"执纨扇俑"，画像石、墓葬壁画中与之相近的图像，所执圆形物均应为纨扇。

有学者对四川地区汉晋陶俑做了综合研究，认为四川地区陶俑最早出现于西汉武帝时期，是受中原文化特别在关中地区的已流行近百年陶俑随葬习俗的影响。川渝地区执纨扇俑在东汉中晚期集中出现，这一时期正是四川区域特色俑群形成时期[1]。画像石、墓葬壁画中所见的执纨扇形象并不仅见于川渝地区，其他地区的有早于该地区者，故此类图像可能是受山东、河南等地影响。

川渝地区在平面执纨扇形象的基础上，创造性地流行起了圆雕执纨扇俑，成为该区域最具代表性的陶塑品类之一，并仅见于此区域，是一个将外来文化因素，吸收内化为自身特有文化特征的绝好例证。

本文刊于《西南半壁》2018 年第 1 期，

经作者授权收入本书。

1　索德浩：《四川汉晋陶俑初步研究》，《考古学报》2018 年第 1 期。

成汉俑与三星堆器物坑青铜人像

索德浩
四川大学历史文化学院考古系

一、成汉俑的发现与研究

成汉俑出土于成汉时期的墓葬中,造型独特,流行时间短,以成都出土最多,德阳、西昌等地也有发现。目前能确认为成汉俑的有以下几件:

1975 年,四川成都东郊万年场出土一件吹笛俑,泥质灰陶,高 47.1 厘米、底宽 22.2 厘米。头戴平巾帻,方脸,下巴略弧,长颈。弓形眉长粗且凸出,双眼外鼓呈橄榄形状,眼睑较宽且凸起。鼻梁隆起,大嘴,嘴唇之上有一对八字胡。两只招风大耳,耳垂上各有一小孔。上身成圆筒状,手臂细长,向上抬起握箫于嘴前。余部未作细部刻画,看不出服饰等其他内容(图一:1)。现藏成都博物馆。

1985 年,四川省成都市桓侯巷发现一座成汉墓。该墓封土保存较好,直径约45米、残存高度10.41米。封土下建长方形券顶砖室墓,长 12.75 米、宽 2.65 米、高 2.6 米。墓前有镇墓俑[1],墓内有砖筑棺台,

图一 成汉俑
1—吹箫俑(成都万年场出土)
2～5—镇墓俑(成都广福村 M48、成都田家寺 M26、西昌西郊乡、什邡虎头山 M4 出土)

---

1 文物编辑委员会:《文物考古工作三十年(1949—1979)》,北京:文物出版社 1979 年版,第 355 页。

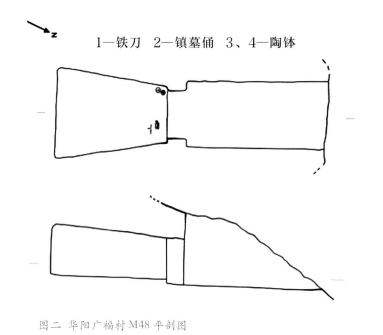

1—铁刀　2—镇墓俑　3、4—陶钵

图二　华阳广福村 M48 平剖图

棺台上放置两具木棺。墓葬虽然多次被盗，仍出土丰富的随葬品，有近百件陶俑及动物模型，陶俑种类有文吏、击鼓、吹箫、侍俑等。[1]"陶俑的体型、服饰、姿态各有特色，若干别具一格的发式"，墓葬纪年砖年号有"太康""玉衡""玉恒""汉兴"等，加之随葬品中未发现晚于成汉器物，发掘者将墓葬时代下限定在成汉李寿时期。[2]由于正式报告还未发表，陶俑的"特色"不详，但从发表的一件陶俑照片来看，造型确实奇特，戴平巾帻、方脸、圆下巴，眉弓及双目凸出，呈橄榄形状，眼睑较宽且外凸。高鼻，大扁嘴，两耳较大，颈部较长，身体呈筒状，宽肩双手对握于前，衣饰不详。

2011 年，笔者在四川省双流县（今双流区）华阳镇广福村清了一座成汉崖墓（M48），未被盗扰。小型单室墓，由墓道、墓门和墓室三部分组成，全长 6.36 米（图二）。器物置于近墓门处，有陶钵、镇墓俑以及铁刀等。镇墓俑立于墓门前，泥质灰陶，平头，头上两侧有对称鹿角，前部正中立一鸟。方脸，下巴略弧，粗眉弓高高凸起，双眼呈橄榄形状外鼓，眼睑较宽。蒜头鼻。耳朵不大，有较深耳洞。扁嘴略吐舌。颈部较长，肩部以下制作简略，身体成筒状，用泥条捏制成手，双手置于腹前，握一把环首刀。高 36.4 厘米、肩宽 12 厘米、身厚 13.8 厘米（图一：2）。[3]

2012 年，笔者在广福村崖墓南约 500 米的田家寺墓地又发掘到一座成汉崖墓（M26），未被盗扰。小型单室墓，由墓道、墓门和墓室三部分组成。器物多堆放于墓门口，少部分放于墓室后壁，器形有陶俑、罐、钵、灯及铜镣斗、盆、镜等，该墓中陶俑较小，形象简化。唯镇墓俑制作精致。泥质灰黄陶，头上有对称鹿角，角根部装饰一圆形物，左侧下又冒出一小角。脸形方中带圆，粗眉弓，双眼呈橄榄形状外鼓，眼睑较粗，高鼻，扁嘴，大方耳。吐舌。颈部长粗，以下制作简化，身体呈筒状，两手对握于腹前（右手残），手中执一物。高 35 厘米、宽 16 厘米、厚 12 厘米（图一：3）。[4]

1　金勋琪：《旧传桓侯巷的张飞衣冠坟发掘确系成汉晚期墓葬》，《成都晚报》1986 年 6 月 25 日。

2　王毅、罗伟先：《成汉墓考古记》，《成都文物》1986 年第 2 期。

3　资料存成都文物考古研究所，整理中。

4　资料存成都文物考古研究所，整理中。

1989 年，凉山州博物馆在四川省西昌市西郊乡大石板附近清理了两座成汉时期券顶砖室墓，平面呈凸字形。靠西的一座墓道中出土一件镇墓俑[1]，泥质灰陶，立姿，额上有角，脸形较方，下巴略圆，眉弓凸起，双目圆睁外凸，拱鼻，大扁嘴，嘴角两侧上方各有一绺长胡外撇，宽耳，耳垂下各有一佩环的小孔。长颈。身作筒形，中空。背胸上另有一长方形孔。双手握一环首刀于胸前。高 41.8 厘米、底座宽 15.3 厘米（图一：4）。[2]

2003—2004 年，四川省什邡市虎头山出土一批成汉墓（M1 ~ M5），其中 M4、M5 的墓门处各出土 1 件镇墓俑，M4 的镇墓俑造型较清晰，立姿，方形脸，头部有犄角 6 只，弓形眉，凸目呈橄榄形，高鼻梁，大耳，大扁嘴，长舌下垂，粗颈略长。胳膊细长，左手执蛇，右手握环柄刀。嘴部残留朱彩。高 33.6 厘米。M5 出土的镇墓俑形象过为简略，仅可看出凸目特征。发掘者根据 M5 出土的汉兴钱，将这两座墓时代定在成汉时期（图一：5）。[3]

以上几件成汉俑有吹箫、侍从、镇墓等几类形象，性质虽然不同，但具备共同特征：脸形较方，下巴略弧，眼睛凸出，眉弓较粗且凸出，宽扁嘴，颈部较长，身体制作简略、呈筒状，双手习惯对握于腹前，除广福村成汉俑外，耳朵均较大。其中镇墓俑的形象继承了东汉、蜀汉镇墓俑的一些特征，如头上有角，手中持刀，吐舌等，但面部形象明显改变，且身体以下制作简略。

成汉俑资料发表很少，研究成果不多，主要集中于三个方面：

（1）时代。成都桓侯巷成汉墓葬出土有纪年砖，虎头山崖墓 M5 出土了汉兴钱，为墓葬时代的判定提供了直接依据，争议不大。

（2）桓侯巷成汉墓主身份，争议颇多。桓侯巷墓主最初有李雄说。[4] 发掘者谨慎地认为墓主身份、等级很高。[5] 林集友根据"玉衡二十四年亲诏书立"砖断墓主为李班。[6] 吴怡对此提出质疑，认为该墓主为賨人上层贵族。[7]

1　原文称武士俑，此俑出于墓道，且形象与镇墓俑相近，再结合成都地区此类俑的出土情况，笔者以为定位镇墓俑较妥。

2　刘世旭、刘弘：《西昌市西郊乡发现成汉墓》，《四川文物》1991 年第 6 期。

3　德阳市文物考古研究所、什邡市文物保护管理所：《四川什邡市虎头山成汉至东晋时期崖墓群》，《考古》2007 年第 10 期。

4　文物编辑委员会：《文物考古工作三十年（1949—1979）》，北京：文物出版社 1979 年版，第 355 页。

5　王毅、罗伟先：《成汉墓考古记》，《成都文物》1986 年第 2 期。

6　林集友：《成都外南成汉墓主试探》，《四川文物》1989 年第 6 期。

7　吴怡：《成汉墓小考》，《四川文物》1992 年第 2 期；又见吴怡：《玉衡二十年亲诏书立与成汉墓主人》，《文物考古研究》，成都：成都出版社 1993 年版。

（3）成汉俑族属。多认为成汉俑为賨人，独刘弘观点不同，刘认为所有史料均未说明賨人体质异于其他民族，除了三星堆器物坑中的青铜人像外，再也找不到与之相似的形象。他从宗教信仰上来讨论，认为汉晋时期蜀地还完全笼罩在浓厚的古蜀文化氛围中，天师道吸收了古蜀巫觋文化，而成汉政权深受天师道影响，因此二者形象才会相似。[1] 论证角度新颖，但刘先生需面对两个问题：既然古蜀的巫觋文化一直从三星堆文化延续到成汉，那么为何仅有三星堆文化和成汉政权才有这种造型的人像呢？春秋、战国、秦汉都没有见到呢？东汉蜀地发现巨量的陶俑，但皆无此类形象，作者无法解决二者一千多年间物质遗存和文化上的缺环；刘先生论证的基础是这类成汉俑反映了賨人的宗教信仰，镇墓俑确实与巫觋有关，但这类俑还有吹笛、侍从等形象，与精神信仰关系不大，为何也与三星堆器物坑人像相似呢？

二、三星堆器物坑青铜人像

成汉俑外形虽然特异，但并不让人陌生，20 世纪 80 年代的发现三星堆器物坑中就有类似外形的青铜人像。三星堆一号器物坑埋藏时代在殷墟一期和二期之间，二号坑在殷墟二期和三四之间。坑内青铜人像 69 件，青铜面具（面像）22 件，金面罩 3 件。[2] 金面罩为青铜人像面部脱落之物，面像、面具均为人面局部，且过于夸张，与真人特征相距较远，所以这三类不予分析。

青铜人像造型复杂，衣饰、发式、姿态各有特色，笔者根据面部特征将其分成三型：

A 型：方形脸，轮廓较为圆滑，"造型较写实"。一号坑的 A 型人头像均为此类（图三：1）。

B 型：长方形脸，轮廓硬朗。又可分成两亚型：

Ba 型：脸形略方。一号坑 B、C 型人头像，二号坑 A、B、C 型人头像大部，二号坑 A、B 型金面罩人头像，另有 K2②:149（150），K2③:264、2，K2③:05，K2③:7，K2③:04 等（图三：2、3）。

Bb 型：脸形近亚腰梯形，面颊部分内凹，此型人像往往辫发盘于头上（K2③:48，K2③:83）。（图三：4）

C 型：扁方脸（K1：293）。（图三：5）

三型青铜像共同特点： 方形脸，眼睛外凸，眉弓粗且凸起，阔嘴（C 型例外），蒜头鼻，大耳，颈部较长，特别是几件立人像颈部最长，双手多放于腹前（仅有 C 型人像置于腿上，少数人像双手前伸）。

1　刘弘：《成汉俑新说》，《四川文物》1995 年第 4 期。

2　四川省文物考古研究所：《三星堆祭祀坑》，北京：文物出版社 1999 年版。

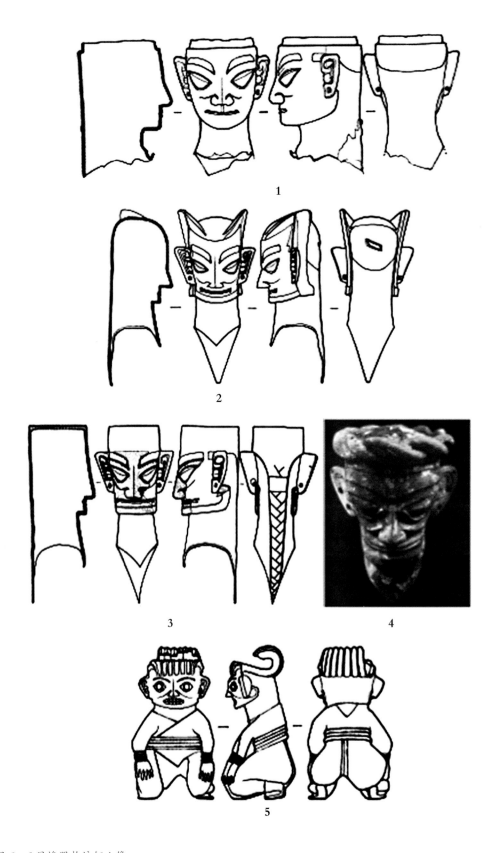

图三 三星堆器物坑铜人像

1—A 型（K1:2） 2、3—Ba 型（K1：5，K2②：15） 4—Bb 型（K2③：83） 5—C 型（K1：293）

三、成汉俑与三星堆青铜人像比较

通过上文比较分析，发现成汉俑与三星堆青铜人像具有以下共同的特征：

（1）长方形脸。三星堆青铜人像面部虽然长、宽有差别，但总体都呈长方形；成汉陶俑面部呈长方形，表情刚毅，一改东汉以来四川陶俑面部圆润的特点。

（2）眼睛外凸，为成汉俑和三星堆青铜人像所特有，中国其他地域极少发现类似人像。

（3）大耳。

（4）扁阔嘴。

（5）粗眉弓。

（6）双手习惯置于腹前。

（7）由面貌和形体反映出来的体质特征相近，人种一致，种族主体为蒙古利亚人种北支。李绍明先生认为三星堆青铜人像具有蒙古利亚种族特征，特别是 B、C 型[1] 人像为蒙古利亚种族北支，并占据主导地位。"据国内学术界的普遍意见，现今藏缅语族的先民为古氐羌系的民族，在体质上具有蒙古利亚种族北支的特征。"[2] 蓝勇根据成汉俑面部特征认为其更具有蒙古利亚西北亚型特征，"成汉的建立者李氏虽然是賨人，但其士卒多为西北陕甘地区的氐人，其体质特征自然是以西北氐人为代表了"。[3]

如此高的相似度绝非历史偶然性可以解释，二者应该存在着密切联系。李绍明和蓝勇对二者种族的分析结果表明，成汉俑和三星堆青铜人像的族属很有可能同源。下面利用考古、文献、民族学等材料对其族属进行分析。

四、成汉俑族属

以往多认为造型独特的成汉俑为賨人，主要依据《华阳国志·李特志》的记载："李特……略阳临渭人也。祖世本巴西宕渠賨民，种党劲勇，俗好鬼巫。汉末，张鲁居汉中，以鬼道教百姓，賨人敬信；值天下大乱，自巴西之宕渠移入汉中。魏武定汉中，曾祖父虎与杜〔濩〕、朴胡、〔袁〕约、杨车、李黑等移于略阳北土，复号曰巴氐。"[4] 但此材料并不足以支撑论点。

1　此型式划分依据两个祭祀坑的简报型式划分，与本文型式划分有所不同。见《广汉三星堆遗址一号祭祀坑发掘简报》，《文物》1987 年第 10 期；《广汉三星堆遗址二号祭祀坑发掘简报》，《文物》1987 年第 5 期。

2　李绍明：《三星堆文化与种族民族》，《贵州民族研究》2000 年第 2 期。

3　蓝勇：《西南历史文化地理》，重庆：西南师范大学出版社 1997 年版，第 4-5 页。

4　任乃强：《华阳国志校补图注》卷九《李特雄期寿势志》，上海：上海古籍出版社 1987 年版。

首先，李氏只是因为作战勇敢而成为少数民族首领，其统治基础还是以氐、羌为主的少数民族。张鲁于初平二年（191）在汉中建立政权，李特祖大致此时从巴西宕渠迁入。后建安二十年（215）魏武定汉中，李特曾祖父李虎移于略阳北土。元康八年（298），"略阳、天水六郡民李特，及弟庠……诏书不听入蜀。"[1]至此李氏家族在略阳已经居住了83年，历经三世。略阳一直是氐人传统居住区，据《宋书·氐胡传》："清水氐杨氏，秦汉以来世居陇右。"[2]近来在略阳等地区的考古调查中也发现大量氐、羌物质文化遗存可为辅证[3]。既然略阳是氐人的传统居住区，而李氏在此居住八十余年，不可能全无氐人影响，甚至有可能已严重氐化，后来复号"巴氐"恰恰反映了賨人李氏已经逐渐融入氐人社会中。賨人在流民中属于少数派，《晋书·载记》："魏武帝克汉中，特祖将五百家归之。"[4]即使五百家妇都是賨人，相对于"数万家"也是少数。而少数派賨人李氏之所以能成为流民首领，一是因为李氏家族有部曲；二是賨人"天性劲勇"，为羌人所敬服。《华阳国志·巴志》载："板楯七姓，以射虎为业，立功先汉……其人勇敢能战。昔羌数入汉中，郡县破坏，不绝若线。后得板楯，来虏弥尽。号为神兵。羌人畏忌，传语种辈，勿复南行。"故能统领氐羌。也就是说，賨人属于少数派，且染氐羌风俗，以氐羌为统治基础的成汉国葬俗未必会依賨人之风。

　　其次，賨人分布区域范围内未见此种造型陶俑。賨人即巴人一支，《华阳国志·巴志》："汉兴，亦从高祖定乱，有功。高祖因复之，专以射虎为事。户岁出賨钱口四十。故世号白虎复夷。一曰板楯蛮。"汉代，賨人居于古渝水流域，"阆中有渝水，賨民多居水左右"，李特之祖是宕渠人，宕渠属渝水流域。为配合三峡水库建设，库区内进行了大规模的考古发掘，但各个时代都未发现此类形象，特别是东汉墓葬中出土大量陶俑，亦无此类。如果成汉俑确为賨人遗存，不可能无丝毫线索。

　　再次，诚如刘弘先生所言，所有史料均未说明賨人体质异于其他民族。

　　综上理由，笔者以为成汉俑非賨人形象，而有可能是以氐人为主的氐、羌等少数民族形象。

　　首先，成汉俑族属可排除蜀地土著。蜀地土著长期居住于此，而在成汉之前的东汉、蜀汉，该区域内并未发现这类遗存。且流民入川后造成大量巴蜀民众外逃。流民军攻占的地方90%的居民都逃亡了，特别是三蜀之地，几乎逃亡殆尽。[5]"李氏据蜀；兵连战结，三州倾坠，生民歼尽，府庭化为狐狸之窟，城郭蔚为熊罴之宿，宅游雉鹿，田栖虎豹，平原鲜麦黍之苗，千里蔑鸡狗之响，丘城芜邑"[6]，直至李寿

1　《华阳国志校补图注》卷八《大同志"》。

2　《宋书》卷九十八，北京：中华书局1974年版。

3　韩香：《陕南宁强、略阳等地氐、羌遗风历史溯源》，《西北民族论丛》第七辑，北京：中国社会科学出版社，2010年版。

4　《晋书》卷一百二十，北京：中华书局1974年版。

5　谭红主编：《巴蜀移民史》，成都：巴蜀书社2006年版，第86页。

6　《华阳国志校补图注》卷十二《序志》。

时，"郊甸未实，都邑空虚"[1]。既然蜀民大部分都流亡了，那就不可能在此处留下如此怪异的成汉俑。成汉时期占据蜀地的是六郡流民，而成汉俑恰恰在此时出现，只能说明成汉俑为六郡流民的遗存。

其次，六郡流民当以氐、羌为主。"略阳、天水六郡民李特，及弟庠，阎式、赵肃、何巨、李远等及氐叟、青叟数万家，以郡土连年军荒，就谷入汉川，诏书不听入蜀。"[2]六郡是指天水、略阳、扶风、始平、武都、阴平等，而这六郡为氐、羌的传统聚居地。据蒙默先生研究，叟有时是少数民族的泛称，有时专称，是指包括青羌、旄牛夷、徙人、青衣羌、西蕃、胡羌、氐、賨等古代民族。[3]此处应该是泛称，氐叟、青叟即氐族、青羌。故六郡流民应以氐、羌为主。由于氐人众多，时人也称来自秦雍二州的流民为"秦氐"。功曹陈恂谏曰："不如安住少城，檄诸县合村保，以备秦氐。"[4]很多氐族大姓也是流民军的重要力量，如氐叟元丰、钱、刘、李、梁、窦、符、隗、董、费等。所有这些表明，李氏的军事力量和统治基础为氐羌。那么成汉俑的族属范围便可缩小至氐、羌了。

最后，从考古发现来看，成汉统治区域内在的葬俗有较强的一致性。发现的成汉墓数量不多，但分布在成都、德阳、西昌等较大的区域范围内。成汉各阶层都有葬此类形象陶俑的习俗，无论是上层贵族墓，还是普通百姓墓中都有发现。能在成汉国如此广大区域内和这类墓葬相对应的民族也只有氐羌了。

既然成汉时期蜀地为六郡流民所据，而流民又以氐羌之族为主，其统治者李氏家族也受氐羌影响颇深，故成汉时期墓葬应主要为氐羌二族所遗留或受到氐羌葬俗影响。

五、氐、羌渊源以及分布

羌族历史悠久。据甲骨文和古文献可知，至迟商代该族已经出现，此时羌族据有今甘肃省大部和陕西省西部，向东则已达到今山西南部及河南西北一带。[5]马长寿则进一步提出古羌的分布中心在青海东部的河曲及其以西以北等地。[6]关于羌族的分布区域有较多争论，但大多认为殷商以来其核心区域在甘青一带。

氐族在文献上出现时间较晚，至迟战国年间已为中原人知晓。[7]关于氐族起源的争论较多，有来源于

1　《晋书·载记》。

2　《华阳国志校补图注》卷八《大同志》。

3　蒙默：《说"叟"》，《思想战线》1992年第2期。

4　《华阳国志校补图注》卷八《大同志》。

5　冉光荣、李绍明、周锡银：《羌族史》，成都：四川人民出版社1984年版，第18页。

6　马长寿：《氐与羌》，上海：上海人民出版社1984年版，第2页。

7　杨铭：《氐族史》，吉林：吉林教育出版社1991年版，第17页。

三苗[1]、羌族[2]、河南或河北[3]、陇南[4]等说法，出现这些争论主要是由于对文献理解的差异，但所有观点都承认氐族曾长期活动于陇南地区，故笔者赞同氐族中心分布区在陇南地区，只是此处地理环境特殊，不断有民族徙出、迁入，其他民族不断融合至氐族，氐族也不断融合到其他民族，其民族源流和成分就分外复杂了。《史记·西南夷列传》最早记载了氐族的分布区域："自嶲駹以东北，君长以什数，白马最大，皆氐类也。"[5]马长寿据此指出："自此以东北，包括西汉水、白龙江流域及涪水之上游，都是古氐原始分布所在。"[6]《魏略·西戎传》所载与《史记》相合："氐人有王，所从来久矣。自汉开益州，置武都郡，排其种人，分窜山谷间。或在福禄，或在汧陇左右。其种非一，称盘瓠之后，或号青氐，或号白氐，或号蚺氐，此盖虫之类。"[7]《北史·氐传》亦云："氐者，西夷之别种，号曰白马。三代之际，盖自有君长，而世一朝见，故《诗》称'自彼氐羌，莫敢不来王'也。秦汉以来，世居岐陇以南，汉川以西，自立豪帅。汉武帝遣中郎将郭昌、卫广灭之，以其地为武都郡。自汧、渭抵于巴蜀，种类实繁，或谓之白氐、或谓之故氐，各有侯王，受中国封拜。"[8]氐族的名称亦和陇南地区地形有很大关系。[9]

一个民族的形成需要具备很多条件，也许羌、氐二族形成很晚，但其族源应该与分布这些地区的部族有密切关系。以上材料表明，自商周以来氐、羌的中心分布区就在今日的甘青地区，二者关系密切，相互影响、融合。六郡流民正是来源于此地区。

六、三星堆文化来源初步分析

氐羌及其先民居住的地方，恰恰是三星堆文化的重要来源地。

先以考古资料说明。三星堆文化虽然受到长江中下游、中原等地的影响，但其文化主体来源于宝墩文化。三星堆文化与宝墩文化有很多一致性，如房屋建筑相似；生产工具多偏重于手工工具，石器工具以梯形的斧、锛、条形和圭形凿等为基本组合；陶器的造型上，多平底器和圈足器，其中的平底器多为小平底，宝墩文化四期出现的矮领圆肩罐是三星堆文化很有代表性的小平底罐的前身；三星堆文化中的深腹罐和小圈钮器盖在宝墩文化四期（鱼凫村遗址）中就已经出现；三星堆文化中的镂孔圈足豆与宝墩

1 黄烈：《中国古代民族史研究》，北京：人民出版社1987年版，第114-136页。

2 以任乃强先生为代表：《羌族源流探索》，重庆：重庆出版社，1984年版。

3 何光岳：《氐羌源流史》，南昌：江西教育出版社2000年版，第113页。

4 马长寿：《氐与羌》，上海：上海人民出版社1984年版，第10页；杨建新：《中国西北少数民族史》，银川：宁夏人民出版社1988年版，第168页；孙功达：《氐族研究》，兰州：甘肃人民出版社2005年版，第70页。

5 《史记》卷一百一十六，北京：中华书局1959年版。

6 马长寿：《氐与羌》，上海：上海人民出版社1984年版，第10页。

7 〔魏〕鱼豢撰，张鹏一辑：《魏略辑本》，陕西文献征辑处，民国十三年（1924）。

8 《北史》卷九十五，北京：中华书局1974年版。

9 马长寿：《氐与羌》，上海：上海人民出版社1984年版，第15页。

文化中的镂孔圈足器也应有一定的关系。[1]

目前成都平原并未发现早于宝墩文化的遗存，于是很多研究者将目光转向了盆地周边，特别是岷江上游新石器时代遗存[2]。近来什邡桂圆桥遗址的发掘为宝墩文化来源于岷江上游提供了进一步的衔接证据。根据地层叠压关系和文化面貌，桂圆桥遗址新石器时代文化遗存可分为两组，第一组文化面貌与宝墩文化相差较大，绝对年代在距今5000年左右，其陶器特征与甘肃大地湾四期、武都达大李家坪、茂县营盘山、汶川姜维城等有密切联系。第二组文化面貌与宝墩文化中段极为相似，绝对年代距今4600年左右。[3]这两组遗存有明确的层位关系相对应，这样就基本可以锁定宝墩文化源于岷江上游的新石器文化。

而岷江上游新石器时代文化的源头在甘青地区。研究者对两地的陶器进行了分析，证明岷江上游彩陶来源于甘青地区；[4]赵志军和陈剑对营盘山植物种子进行了分析，认为营盘山遗址的北方旱作农业生产特点应该是源自甘青地区仰韶文化晚期和马家窑文化的分布区域。[5]江章华先生认为横断山区自6000年以来，至齐家文化、青铜时代都受到中国西北地区文化的强烈影响，并将这种影响归因于"古代人群迁徙频繁"。[6]近来陈苇对甘青地区和西南山地仰韶时代中期至战国晚期诸考古学文化遗存的性质、分期和年代等问题进行了较为详细的分析，将文化传播分成五个阶段。[7]从其分析来看，甘青地区一直是强势文化，影响着岷江上游等西南山地区域。

石硕也对藏彝走廊的新石器时代文化进行了分析，认为藏彝走廊的新石器文化系统主要源自黄河上游的甘青地区，再结合复旦大学的遗传学研究，认为新石器时代藏彝走廊的人群与甘青地区存在渊源关系。[8]

从以上分析可得出，成都平原的三星堆文化来源有一个很完整的考古学文化序列，三星堆文化←宝墩文化←岷江上游新石器时代文化←甘青地区新石器时代文化，完全可以认为甘青地区文化是三星堆

1　王毅、江章华、张擎：《成都平原先秦文化初论》，《考古学报》2002年第1期。

2　徐学书：《岷江上游新石器时代文化的初步研究》，《考古》1995年第5期；江章华：《岷江上游新石器时代遗存新发现的几点思考》，《四川文物》2004年第3期；陈剑：《四川盆地西北缘龙山时代考古新发现述析》，《中华文化论坛》2007年第2期；黄昊德、赵宾福：《宝墩文化的发现及其来源考察》，《中华文化论坛》2004年2期。

3　四川省文物考古研究院、德阳市博物馆、什邡市博物馆：《四川什邡桂圆桥新石器时代遗址发掘简报》，《文物》2013年第9期。

4　洪玲玉、崔剑锋、王辉、陈剑：《川西马家窑类型彩陶产源分析与探讨》，《南方民族考古》第7辑，2011年；崔剑锋、吴小红、杨颖亮：《四川茂县新石器遗址陶器的成分分析及来源初探》，《文物》2011年第2期。

5　赵志军、陈剑：《四川茂县营盘山遗址浮选结果及分析》，《南方文物》2011年3期。

6　江章华：《横断山区古代文化传播与民族迁徙的考古新证据》，《中华文化论坛》2008年增刊。

7　陈苇：《甘青地区与西南山地先秦时期考古学文化及互动关系》第八章，吉林大学博士论文，2009年。

8　石硕：《藏彝走廊：文明起源与民族源流》，成都：四川人民出版社2009年版，第166-167页。

文明的一个重要源头。甚至有研究者认为"成都平原的三星堆一期文化是已本土化的西北人群……通过四五百年的发展，最后成为成都平原上具有主导力量的大族群。"[1] 自新石器时代以来，甘青地区、岷江上游的文化对成都平原的影响是持续不断的，只是不同时期作用力大小有所不同。这种影响非单纯的文化传播可以做到，很显然是伴随着大规模的族群迁徙，因此或可以说成都平原从宝墩文化至三星堆文化源源不断有族群自甘青、岷江上游地区迁来。

从民族学材料来看，三星堆器物坑与岷江上游、甘青地区的少数民族也有关系。赵洋认为三星堆器物坑的神树与羌族释比的神树在不少方面很相似；[2] 钱玉趾认为三星堆文化居民与彝族先民存在着关系；[3] 巴且日火认为三星堆器物坑人像的"纵目"与彝文典籍记载的直目、独眼有关系，青铜树、人体形象等与彝族有关系。[4] 彝族的祖先——古氐羌族似乎也有崇拜凸目的传统，至今甘肃陇南地区西和县还盛传"立

图四 青铜鸟
1—牟托 M1：21　　2—三星堆 K2 ③：239-1

1　万娇、雷雨：《桂圆桥遗址与成都平原新石器文化发展脉络》，《文物》2013 年第 9 期。

2　赵洋：《三星堆神树与岷江上游羌族释比神树的比较》，《中华文化论坛》2005 年第 2 期。

3　钱玉趾：《三星堆文化居民与彝族先民的关系》，《贵州民族研究》1998 年第 2 期。

4　巴且日火：《论三星堆文明与彝族先民的渊源关系》，《中华文化论坛》2005 年第 1 期。

眼人"故事。立眼人的眼睛和常人不一样，除了横列的两个眼睛外，在前额中间还有一个纵立的眼睛。[1]
牟托一号墓出土的铜鸟形饰（M1：21）更是表明了三星堆文化和岷江上游的密切联系[2]，此鸟形饰和三星堆器物坑出土的神树上的铜鸟非常相似（图四），而此类鸟形饰铜器似更流行于藏彝走廊的青铜时代。石硕先生以藏彝走廊的民族在语言上存在亲缘关系，且这些民族又有共同的猴祖传说和猴图腾崇拜为依据，得出藏彝走廊的藏缅语族存在一个共同的"祖源"，这些民族的"送魂"习俗反映了共同迁徙记忆，其记忆均指向北方，说明藏彝走廊在历史上的民族迁徙，其主流趋势是自北向南。[3] 正是因为三星堆文化的主体族群来自岷江上游、甘青地区，与今天藏彝走廊上的彝、羌等民族有着共同的族源，所以才会有很多的相似性。

古文献的记载也表达了古蜀文化与川西北文化的密切联系。童恩正先生甚至认为古蜀就是氐族的后代。[4]《蜀王本纪》载："蜀之先称王者有蚕丛、柏濩、鱼凫、开明，是时人萌椎髻左衽，不晓文字，未有礼乐。从开明以上至蚕丛积三万四千岁。""蜀王之先，名蚕丛。后代名曰柏濩。后者名鱼凫。此三代各数百年，皆神化不死，其民亦颇随王化去。鱼凫田于湔山，得仙。今庙礼之于湔。时蜀民稀少。"[5]《华阳国志·蜀志》亦载："周失纪纲，蜀先称王。有蜀侯蚕丛，其目纵，始称王。死，作石棺、石椁。国人从之。故俗以石棺椁为纵目人冢也。王曰柏灌。次王曰鱼凫。鱼凫王田于湔山，忽得仙道。蜀人思之，为立祠〔于湔〕。"童恩正先生认为蚕丛活动区域主要在川西北，这些地方有很多蚕丛的传说和遗迹。传说性的文献虽然不能作为直接证据，但其记载的石棺遗迹却在川西北、甘青地区有发现；蚕丛的纵目似乎和器物坑青铜像的凸目也有关系，暗示着古蜀人的来源。

据以上分析，完全可以得出三星堆文化主体族群来源岷江上游、甘青地区，其族属与今日川西北藏、彝先民——古氐羌族同源。此结论与李绍明先生对三星堆器物坑青铜人像种族的分析相吻合。

七、甘青、岷江上游族群向成都平原迁徙原因

甘青、岷江上游地区的族群不断南迁主要有两个方面原因。

1. 环境原因

甘青与川西北地区相邻，两地地形、气候等自然环境较为接近，区域内河流众多，成为古人迁徙的

1 杨铭：《氐族史》，吉林：吉林教育出版社 1991 年版，第 6 页。
2 茂县羌族博物馆、成都文物考古研究所、阿坝藏族羌族自治州文物管理编著：《茂县牟托一号石棺墓》，北京：文物出版社 2012 年版。
3 石硕：《藏彝走廊：文明起源与民族源流》第二章，成都：四川人民出版社 2009 年版。
4 童恩正：《古代的巴蜀》，重庆：重庆出版社 1998 年版，第 62-66 页。
5 〔清〕严可均著，任雪芳校：《全汉文》卷五十三，北京：商务印书馆 1999 年版，第 539 页。

天然通道。根据童恩正先生的半月形传播带理论，相近的地貌、气候是文化传播的重要原因。[1]

成都平原优越的地理环境也是吸引甘青地区族群南下的重要原因。据古环境研究，在距今 7000—5000 年间，成都平原地势较低而沼泽密布，不适宜古人类居住，古蜀先民们只有居住在地势较高且较干燥的盆周山区（岷江上游地区）。距今 5500—5000 年间，古蜀地区气候出现冷干事件的重大转变。岷江上游地区旱作农业受此影响，农业经济支柱逐渐衰退。而与此相反，此时的成都平原以前密布的沼泽开始变干，而成为地肥水美、动植物繁盛的理想居所。[2] 成都平原的新石器时代文化也在此时出现。自此以后，成都平原一直以优越的环境吸引着众多民族的徙入。

古气候的变化也是北方族群迁徙的重要原因。结合张丕远和满志敏的研究可将中国全新世气候划分为五个阶段。第一阶段，距今 8500—7200 年，此阶段气候不稳定，由暖变冷。第二阶段，距今 7200—6000 年，气候稳定暖湿。第三阶段，从距今 6000—5000 年，这个阶段的气候波动剧烈，是环境较差的时期。第四阶段，距今 5000—4000 年，较稳定温暖期。第五阶段，距今 4000—3000 年，气候波动下降期。[3] 而甘青地区向川西北、成都平原的文化传播恰恰与这些气候变化有关系。距今 6000 年左右的降温，甘青地区庙底沟文化传播至岷江、大渡河上游等地区；距今 5000 年左右降温及干旱，岷江上游族群进入成都平原，出现宝墩文化；距今 4000 年左右干旱和降温事件，在岷江上游发现齐家文化遗存，也就是陈苇所说的文化传播第三阶段；距今 3000 年左右，气候降温，古蜀地区的三星堆文明神秘消失。[4] 三星堆文明的突然消失极有可能与岷江上游、甘青地区族群入侵有关，从历史规律来看，每逢降温、干旱等气候剧烈变化时期，北方生存环境便会恶劣起来，游牧民族便会南迁寻找更适宜的生存地。受降温影响甘青地区、岷江上游族群迫于自身生存或者更北方民族的入侵压力进入了成都平原。历史在不断重复着，据竺可桢研究，六朝时期为寒冷期[5]，而此时北方少数民族又大规模入侵中原，六郡流民进入成都平原，天府之国变成"荒裔"之地。所以三星堆文明的出现和消失与气候变化关系密切，这点与成汉政权的出现相似。

2. 史前成都平原文化远远不如甘青地区发达

在宝墩文化之前，成都平原甚至无人生存，先进文化向后进地区传播具有普遍性。甘青地区文化的发达也导致人口增加，资源减少，部分人群不得不寻找新的居住区和资源，这也是甘青地区自 6000 年以来人群一直向南迁徙"一波一波的，未曾中断"的重要原因。

1 童恩正：《试论我国从东北至西南的边地半月形文化传播带》，《南方文明：童恩正学术文集》，重庆：重庆出版社 2004 年版。

2 付顺：《古蜀区域环境演变与古蜀文化关系研究》摘要，成都理工大学博士论文，2006 年。

3 张丕远：《中国历史气候变化》，济南：山东科学技术出版社 1996 年版，第 46-51 页；满志敏：《中国历史时期气候变化研究》，济南：山东教育出版社 2009 年版，第 95-99 页。

4 付顺：《古蜀区域环境演变与古蜀文化关系研究》，成都理工大学博士论文，2006 年，第 60 页。

5 竺可桢：《中国近五千年来气候变迁的初步研究》，《考古学报》1972 年第 1 期。

余论

本文以成汉俑和三星堆器物坑人像的相似性为切入点，结合相关材料论证，认为成汉俑和三星堆器物坑族属有着共同的来源地——川西北、甘青地区，此地域乃氐、羌二族的传统居住地。自史前至三星堆文化，岷江上游、甘青地区的文化一直影响着成都平原，这种影响往往伴随着大规模人群的迁徙。目前材料足以说明三星堆文化主体族群来源于川西北、甘青地区的氐羌二族，器物坑中的青铜人像反映了古氐、羌族的形象特征，当然由于崇拜和祭祀原因，相貌具有一定的夸张。战国、秦时，蜀地受楚、秦影响较大；两汉时期，成都平原为天府之国，经济、文化都比较发达，故川西北、甘青地区族群无法对成都平原文化造成甚大影响。西晋时期，受气候影响，以氐、羌为主的川西北、甘青地区居民又大规模向成都迁徙，在蜀地建立成汉政权，以氐羌为统治基础的成汉政权吸收了东汉蜀地用陶俑随葬的传统，但陶俑造型依据氐羌二族形象塑造。甘青地区是古氐、羌及其先民传统的生存区域，此区域与游牧民族相接，远离中原文明，千年来保存着很多原始文化面貌，所以自三星堆文化之后之成汉时期再次大规模进入成都平原，便在文化面上呈现出复古面貌，成汉俑与器物坑的造像才会表现出极大的相似性。

以上只是笔者在目前证据下的推测，如果将来在考古中能发现甘青、岷江上游地区氐、羌以及蜀地三星堆文化、成汉的人骨材料，对四者的人骨进行 DNA 分析、比较，将会得出最直接的结论。

三星堆器物坑吸引了众多研究者的关注，但是对于器物坑的性质、族属、年代等，众说纷纭，甚至有些观点截然相反。施劲松认为"这主要是由于这两个坑出土的很多材料超出了我们现有的知识范围，在研究中我们也难以直接参考已有的考古或文献材料"，并说"要解决这个问题，我们不能只看结论，还要着重去考察引导出这种结论的方法"。[1] 本文正是基于此目的而作，不奢望能彻底解决三星堆器物坑的众多问题，只是希望能为三星堆器物坑的研究提示一种思路、方法。历史、考古研究习惯于从早到晚、从前向后推理的思维方式，而本文以成汉俑和三星堆器物坑人像相似性为突破口，尝试利用逆向思维，先从时代较晚的成汉俑入手，利用其丰富的背景材料分析其族属，继而论证三星堆器物坑人像的族属与之同源。而三星堆器物坑青铜人像一旦和成汉俑建立关系，便可以利用成汉俑背后丰富的历史时期文献材料，解决三星堆文化中许多重要问题。

例一，三星堆器物坑性质问题。试想如果青铜造像是本族巫觋形象，怎么会埋葬于器物坑中呢？解释为外族入侵导致的毁坏性埋葬更为合理些。川西北的族群不断徙入，便会与之前进入的族群发生战争。三星堆文明的神秘消失与3000年左右气候降温有很大的关系，气候变冷导致甘青地区、川西北族群向成都平原入侵，打败了本地族群，"毁其宗庙，迁其重器"[2]。而器物坑内的物品，恰恰是原族群的重器，在祭祀中使用的重要物品。

1　施劲松：《三星堆器物坑的再审视》，《考古学报》2004 年第 2 期。
2　杨伯峻译注：《孟子译注》，北京：中华书局 1960 年版，第 45 页。

例二，三星堆文化源流问题。如果三星堆族属为氐、羌，那么下一步可以在川西北、甘青地区做一些针对性的考古发掘和民族调查工作，进一步梳理二者关系。成都平原族群流向很可能与成汉时期蜀地土著南迁、东流一样。西北方向的族群不断进入成都平原，而成都平原的原有族群迫于压力也自然会向东、南迁徙。对于研究三星堆文化的传播具有重要意义。

例三，三星堆与域外文化关系问题。霍巍先生很早就认识到三星堆器物坑与西亚文明有很多相似性[1]。段渝先生认为三星堆器物坑中的青铜雕像、神树、黄金面具和权杖与近东西亚地区存在着千丝万缕的联系。[2] 氐羌及先民生活在甘青地区，甘青地区与中西亚的交通、文化交流自是比成都平原便利许多。岑仲勉甚至认为氐族来自中亚地区[3]，虽然结论过于激进，但可以肯定的是甘青地区氐、羌之族与中西亚地区自古以来就存在着文化交流，交流中很可能伴随着人群迁徙。

最后，本文的论证不得不面对一个问题，成汉俑族属是氐、羌，但在氐、羌的分布区并未发现有成汉俑的形象。笔者查阅了甘青地区的汉墓资料，发现这个地区不流行随葬陶俑，而随葬陶俑之俗在汉代蜀地特别流行，应是流民进入蜀地后新吸收的葬俗，但在陶俑形象上却保持了氐羌自己的民族风格。原因可能在此。

本文刊于《文物、文献与文化：历史考古青年论集》（第一辑），上海古籍出版社 2017 年，

经作者授权收入本书。

1　霍巍：《广汉三星堆青铜文化与古代西亚文明》，《四川文物》1989 年增刊。

2　段渝：《古代巴蜀与南亚和近东的经济文化交流》，《社会科学研究》1993 年第 3 期；段渝：《论商代长江上游川西平原青铜文化与华北和世界文明的关系》，《东南文化》1993 年第 2 期。

3　岑仲勉：《氐族源流蠡测并论彩陶之可能联系》，《中山大学学报》1959 年 1、2 期合刊。

编后记

为深入贯彻习近平总书记"让文物说话，把历史智慧告诉人们"的文物工作指示精神，根据四川省委、省政府关于推进四川文化"走出去"战略的工作部署，四川省文化厅（现四川省文化和旅游厅）、四川省文物局联合省内多家文博单位，整合四川优质文物资源，共同推出古蜀文明巡展。

四川博物院作为古蜀文明巡展的牵头单位，与四川广汉三星堆博物馆、成都金沙遗址博物馆、四川省文物考古研究院、茂县羌族博物馆、四川大学博物馆、彭州市文物保护管理所、青川县文物管理所、雅安市博物馆等参展单位通力合作，共襄古蜀文明盛展。巡展第一次全景式地向公众呈现了古蜀文明的辉煌画卷，共汇聚 210 件古蜀遗珍，国家一级文物达 136 件，展览规模之大，出展文物数量之多、品级之高，在以往历次四川文物外展中尚属首次。

自接到展览任务起，文本撰写人员数十次修改展览文本，为展览的顺利推出奠定了内容基础。2018 年 5 月底，展览文本和展品最终确定，这时距离中国国家博物馆开展仅剩月余，各参展单位工作人员通力合作，在短时间内将文物集中，并安全地运抵北京。展览前期和展览中，协调、讲解、宣教、学术、文创、后勤保障等工作，都是展览工作不可或缺的一部分，为展览增彩不少。

中国国家博物馆《古蜀华章——四川古代文物菁华》是展览的首站；其后，《古蜀宝藏——四川文物精品展》在广东省博物馆举办，北京、广州两站展览都取得了良好的社会反响。特别感谢中国国家博物馆、广东省博物馆的领导和同仁的辛勤付出。之后，古蜀文明展开始了海外巡展，迄今已在意大利那不勒斯国家考古博物馆、罗马图拉真市场及帝国广场博物馆巡展两站，展览完整呈现了四川古代文明的璀璨与辉煌，东西方文化的人类文化典藏共同携手，完成了一次跨区域、跨时空、跨文化的文明交流与互鉴。今后，古蜀文明巡展还将在国内外继续巡回展出，让海内外观众通过一件件精美的文物，感受和领略古蜀文化的魅力，充分发挥文物的价值和作用，为弘扬中国优秀传统文化，贡献四川力量。

本图录是为配合巡展而出版。为了更加完整地呈现古蜀文明从兴起到逐渐融入中华文明版图的全过程，图录特别加入了四川地区两汉时期的相关文物。在整个展览以及图录编辑过程中，我们得到了各参展单位的鼎力支持与倾情帮助；展览和图录得到了相关领导、专家、学者的悉心指导；五位专家为图录撰写的学术论文，极大地提升了图录的学术水平。在图录即将付印之际，在此向为展览顺利举办和图录出版辛勤付出的所有人，致以我们最衷心的感谢！

由于编者水平有限，加之时间仓促，图录中难免出现错漏和不当之处，敬祈各位专家和读者指正。

2019 年 7 月